혼투족

을 위한 남다른 부동산

투 자

옥동자의 청개구리 투자법

혼투족

을 위한 남다른 부동산

투 자

옥동자(강대성) 지음

아라크네

경쟁하지 않고 이기는 방법

경쟁을 빼놓고는 우리의 삶을 이야기하기 어렵습니다. 인생 매 순간이 경쟁입니다. 학창 시절에는 성적으로, 입사 후에는 인사고과로 경쟁합니다. 친구 사이에도 누가 연봉을 더 많이 받는지, 누가 더 좋은 차를 타는지, 누가 더 괜찮은 사람과 결혼했는지로 우열을 정하죠. 그것도 모자라 자녀가 어떤 대학에 가고, 어떤 직업을 갖는지로까지 경쟁의 대상이 확대됩니다. 사람들은 이런 경쟁의 결과를 두고 누군가는 승리자로, 또 다른 누군가는 패배자로 규정합니다.

피하고 싶다고 해서 피할 수 있는 것은 아니지만, 저는 이런 경쟁이 너무 싫습니다. 이런 경쟁은 필시 남과의 비교를 전제로 하고, 그 비교와 경쟁에서 항상 승리해야 한다는 부담감은 늘 자신을 불안하고 초라

하게 만들기 때문입니다. '혹시 실패하는 건 아닐까' '그 실패로 인해 세상이 나를 낙오자로 평가하지 않을까' 하는 생각으로 마음속 지옥을 헤매기 일쑤입니다.

우리가 경쟁하며 살 수밖에 없는 이유는 대중 속에 포함되어 있기 때문입니다. 싫어도 어쩔 수 없습니다. 경쟁이 싫다고 고립무원인 상태로 살아갈 수도 없습니다. 따라서 보다 현명한 해법이라면, 대중 속에 있지만 경쟁하지 않고 이기는 방법을 찾는 것입니다.

제가 생각하는 방법은 두 가지입니다. 첫 번째는 대중과 경쟁하지 않고 나 자신과 경쟁하는 것입니다. 경쟁의 기준점을 남이 아닌 나에게 두는 것이죠. 어제의 나, 한 달 전의 내가 경쟁 대상입니다. 다른 사람과의 경쟁은 겨우 한 사람을 제쳐도 또 다른 경쟁자를 만나게 됩니다. 절대 고수의 경지인 1등이 되기 전까지는 계속해서 경쟁할 상대가 나타나고, 또 설사 1등이 되어도 나를 위협하는 경쟁자가 나타나게 마련입니다. 남과의 경쟁은 끝없는 무한 경쟁입니다. 하지만 나와의 경쟁은 조급할 것이 없습니다. 스트레스받을 일도 없고, 자존감 상할 일도 없습니다. 그저 어제의 나, 한 달 전의 나보다 오늘 조금 더 발전한 나라면 경쟁에서 이긴 것입니다. 이것이면 충분합니다. 경쟁의 상대를 남이 아닌 나에게 둔다면 경쟁을 자기 발전의 기회로 삼을 수 있습니다.

경쟁하지 않고 이기는 방법 두 번째는 욕심을 버리는 것입니다. 경쟁을 불러일으키는 것은 결국 욕심 때문입니다. 이미 충분히 가졌음에도 가진 것에 만족할 줄 모르기 때문이죠. 더 갖고 싶은 욕심이 비교로 이어지고 끊임없는 경쟁을 유발합니다. 그렇다고 욕심을 버리기는 결코 쉬운 일은 아닙니다. 욕심은 인간의 본성입니다. 따라서 욕심 자체를 완전히 없애려고 노력하기보다는, 주어진 것에 감사하는 마음을 갖는 편이 더 지혜롭습니다. 더 가지고 싶어서 간절히 바라는 마음을 조금 내려놓고 이미 가진 것에 감사하는 마음을 더 낸다면, 우리는 늘 풍요로운 부자의 마음을 지닐 수 있습니다.

투자를 해 나가는 마음도 별로 다르지 않습니다. 경쟁할 수밖에 없는 현실이지만, 경쟁하지 않고 이겨야 오랜 기간 즐겁게 투자할 수 있습니다. 경쟁하지 않고 늘 이기는 방법, 남이 아닌 자신과 경쟁하고 욕심을 조금 내려놓는 것입니다. 저는 불안하지 않은 편안한 마음으로 평생 투자해 나가길 희망합니다. 그러면서 동시에 성과까지도 우수한 투자를 지향합니다. 그동안 블로그를 통해 만난 수많은 구독자께 늘 일관되게 해 온 말은 경쟁과 비교에서 벗어나 온전히 자신만의 기준과 원칙으로 마음 편한 투자를 해 나가라는 것이었습니다.

『혼투족을 위한 남다른 부동산 투자』는 이러한 저의 철학과 기준이 담겨 있는 책입니다. 부디 이 책을 읽는 분들이 경쟁으로 인한 비교와 욕심에 괴롭지 않은 편안한 마음으로, 동시에 대중 속에 휩쓸리지 않는 자신만의 원칙과 기준으로, 우수한 투자를 해 나가셨으면 좋겠습니다. 그것에 조금이나마 일조할 수 있다면 저는 만족합니다.

이 책이 출간되는 데 애써 주신 아라크네 김연홍 대표님께 감사의 말씀을 드립니다. 미숙한 초보 저자를 위해 물심양면 아낌없는 지원이 있었기에 이 책이 세상에 나올 수 있었습니다. 또한, 미천한 실력이지만 책을 써 보라는 용기를 주신 〈옥동자의 부동산러브 레터〉 블로그 이웃님들께도 감사의 말씀을 드립니다. 늘 변함없는 모습으로 블로그에서 소통하겠습니다. 마지막으로 책 읽고 글 쓰는 것을 빼고는 잘하는 일이 아무것도 없는 부족한 남편을 언제나 응원하고 격려해 준 아내, 현정에게 무한한 감사의 마음을 전합니다. 부끄럽지 않은 아빠가 되기 위해 늘 노력하게 만드는 민지, 민서에게도.

2023년 9월
옥동자

chapter 2
승리하는 부동산 투자자의 기준

chapter 3
새로운 상승장을 위한 준비

chapter 4
오래 가는 부동산 투자자의 습관

chapter 1

옥동자의
청개구리
투자법

옥동자의 부자론

여러분은 자신을 부자라고 생각하나요? 자신 있게 부자라고 답하는 분도 있고 아직은 부자가 아니라고 이야기하는 분도 있을 텐데, 사실 부자의 기준에 정답 같은 것은 없습니다. 사람마다 각자 머릿속에 그리고 있는 부자의 모습도 다 다를 것입니다.

제가 생각하는 부자는 돈에 지배받지 않는 사람입니다. 돈이 많아야 지배받지 않고 돈이 적으면 어쩔 수 없이 지배받는 것이 아닙니다. 돈이 많고 적음을 떠나, 돈을 대하는 태도와 생각이 어떤지에 따라 얼마든지 부자가 될 수 있습니다.

항상 돈을 중심에 놓고 그저 열심히 투자만 한다고 해서 돈이 벌리는 것은 아닙니다. 그보다는 부자의 태도와 습관, 생각을 꾸준히 견지하며 투자와 일상을 유지해 나가는 것이 더 중요합니다. 그럴 때 돈은 자연스레 따라오는 것입니다.

그렇다면 부자의 태도와 습관, 생각이라는 것은 무엇일까요? 일단 제가 생각하는 부자들의 모습을 소개해 보려고 합니다.

첫 번째, 부자들은 적극적이고 긍정적입니다.

축구 이야기를 잠시 해 보겠습니다. 주로 중동 국가 축구팀에서 그런 모습이 많이 보이는데, 일명 '침대 축구'를 잘 구사합니다. 특히 강팀을 만나면 거의 누워서 축구를 합니다. 걸핏하면 쓰러지고, 한번 쓰러지면 도무지 일어나질 않습니다.

이렇게 시종일관 침대 축구를 할 경우, 경기에서 승리할 확률은 얼마나 될까요? 이길 확률은 거의 없습니다. 비기는 게 최선이겠죠. 비기기만 해도 잘했다고 생각하는 것입니다. 물론 때로는 무승부도 대단한 성과일 수 있지만, 축구는 기본적으로 승부를 가리기 위해 경기를 하는 것입니다. 무승부를 위해 경기를 한다는 것은 승부와 우열을 가리기 위한 축구 본연의 목적에 배치됩니다. 스포츠 정신에 맞지 않는 것입니다. 이기든 지든 자신이 가진 능력으로 상대와 정정당당하게 부딪쳐 보는 것, 그것이 스포츠 정신입니다.

부자에겐 침대 축구 같은 마인드가 없습니다. 늘 적극적이고 긍정적인 생각으로 경기에 임합니다. 질 때 지더라도 끊임없이 이길 기회를 노립니다. 상대의 허점이 보이면 집요하게 파고들어 득점을 노리는 것이죠. 강점보다 약점이 더 많아도, 자신이 지닌 강점을 최대한 극대화하려고 노력하는 사람이 바로 부자입니다.

비록 투자금은 3,000만 원밖에 없지만 적은 투자금을 탓하지 않고 집요하게 관찰해서 우수한 투자를 해내는 사람입니다. 블로그 이웃의 숫자는 1,000명밖에 안 되지만 당당하게 강의 모집 공지를 올려서 히트 쳐 버리는 사람이고요. 공부는 잘 못해도 리더십을 발휘해서 전교 회장 선거에 당선되는 사람인 것입니다.

우리 주변에는 이런 사람들이 존재합니다. 아직은 그 모습이 조금 초라하고 부족해 보일 수 있지만, 결국 부자가 될 사람입니다. **부자는 문제를 보는 사람이 아니라 기회를 보는 사람이기 때문입니다. 약점은 솔직히 인정하고 강점을 더 발휘하는 사람이기 때문입니다.**

두 번째, 부자들은 남에게 의지하지 않는 주도적인 사람입니다.

부자는 자신의 인생을 스스로 만들어 가는 사람입니다. 남이 내 문제를 해결해 주겠거니 기대하지 않습니다.

부동산 투자를 해 나가는 과정에서 정부의 정책과 그 변화를 늘 예의 주시해야 하는 것은 필수적이지만, 그렇다고 정부가 내 입맛대로 정책을 만들어서 시행하기를 기대하거나 내가 처한 문제를 대신 해결해 주길 바라서는 안 됩니다.

정부의 정책이 어떠하든 나의 투자는 내가 설계하고 내가 결정하고 내가 실행에 옮기는 것입니다. 그 결과 또한 내가 온전히 책임진다는 생각으로 임해야 합니다. 부자들은 그렇게 투자를 해 나갑니다.

부자 중에는 피해자가 없습니다. 피해자처럼 구는 사람도 없고, 피해자라고 호소하는 사람도 보지 못했습니다. 부자는 당당하기 때문입니다. 남의 관심과 지원을 얻어 내고자 피해자의 자리에 머물러 있는 사람은 결코 부자가 될 수 없습니다.

세 번째, 부자들은 행동부터 하는 사람입니다.

일단 해 보는 사람이 부자입니다. 반대로, 해 보지도 않고 걱정부터 하는 사람은 가난한 사람입니다.

남자들은 군대 가면 사격을 합니다. 사격 절차는 '준비 자세 → 영점 조준 → 발사'입니다. 준비 자세를 갖추고 영점 조준을 잘해야 발사한 총알이 목표 지점을 정확히 타격합니다. 그런데 이건 사격입니다.

부자가 되는 건 이와는 조금 다릅니다. **부자가 되려면 '준비 자세 → 발사 → 영점 조준'입니다.** 즉, 완벽하게 준비해서 영점을 조준한 뒤 발사하는 것이 아니라, 일단 어느 정도 준비가 되면 발사해 보고 추후 영점 조준을 수정합니다. 여기서 준비 자세를 갖추고 영점을 조준하는 것은 준비이고, 발사하는 것은 행동입니다. 즉, 부자는 준비보다는 일단 시작해 보는 행동을 더 중요하게 생각합니다. 최대한 짧은 시간 내에 최선의 준비를 한 다음 일단 행동을 취하고, 그 후에 수정 작업을 거칩니다. 이것이 원하는 목표에 빨리 도달하는 길이라는 점을 알고 있기 때문입니다.

부자도 실패합니다. 신세계 정용진 부회장도, 세계적인 거부 워런 버핏도 실패하는 사업과 투자가 있습니다. 모든 것이 다 잘되는 것은 아닙니다. 그럼에도 그들은 실패에서 교훈을 찾습니다. 그리고 그 교훈을 다음 사업과 투자에 활용합니다. 그것이 발사부터 한 후에 조준을 수정하는 것입니다.

부자는 이렇게 행동부터 하는 사람입니다. 그리고 행동한 결과를 통해 배우고 발전해 나가는 사람입니다.

네 번째, 부자들은 자기 분야의 전문가입니다.

자기 분야에서 전문가가 아닌데 부자가 된 사람은 없습니다. 어떤 분야든 부자는 한 분야 이상에서 전문가입니다. 전문가가 아니고서는 절대 부자가 될 수 없습니다. **남들 다 하는 평범한 방식 말고, 자기 나름의 전문성을 잘 발휘하면 모든 분야에서 부를 일궈 낼 수 있습니다.**

〈서민갑부〉라는 TV 프로그램에서 꽃을 팔아 갑부가 된 분의 이야기가 나왔습니다. 갑부가 된 이분은 꽃에 정기 구독이라는 개념을 접목했습니다. 2주마다 꽃다발을 보내 주는 서비스입니다. 꽃을 사치가 아닌 일상으로 생각하는 20~30대 여성들을 타깃으로 잡아 대박을 터트린 것입니다.

꽃을 파는 사람은 전국에 많습니다. 똑같은 꽃을 팔아도 누구는 그저 그렇고, 또 누구는 갑부가 됩니다. 그 차이를 만드는 것이 전문성입니다.

자기가 좋아하고 잘할 수 있을 만한 분야를 하나 정하고, 이를 오랜 기간 꾸준히 하면 전문성이 만들어질 수 있습니다. 투자의 세계에선 투자도 전문성의 한 영역입니다. 5년, 10년 꾸준히 해 나가며 투자라는 것을 확실한 나의 전문 분야로 만들어 두면 부자는 따 놓은 당상입니다.

마지막으로, 부자는 늘 배우는 사람입니다.

부자치고 배우는 데 소홀한 사람은 없습니다. 이제 그만 배워도 될 것 같은데, 참 끝없이 배우는 사람들이 부자입니다. 책 안 읽는, 글 안 쓰는 부자를 본 적이 없습니다.

부자들이 끊임없이 배우는 이유는 무엇일까요? 그건 바로 스스로 돌아볼 줄 아는 사람이기 때문입니다. 늘 부족한 자기를 발견하기 때문에 배우는 것입니다. 자신을 겸허하게 내려다보고 배우는 것에 부끄러움이 없습니다. 언제나 스스로 발전하는 사람인 것이죠.

2022년에 워런 버핏과의 자선 점심 식사가 246억 원에 낙찰되었습니다. 246억 원을 낼 수 있는 이 사람도 부자임이 틀림없습니다. 충분히 부자일 것 같은데, 구태여 왜 246억이라는 거금을 점심 한 끼 값으로 지불했을까요? 돈 자랑을 하고 싶어서? 유명해지고 싶어서? 아닙니다.

부자들은 1원 한 푼 허투루 쓰지 않습니다. 부자는 그만한 가치가 있는 곳에만 돈을 씁니다. 버핏과의 점심이 246억 원 이상의 가치가 있다고 봤기 때문에 경매에 참여한 것입니다. 그 이상의 가치를 버핏을 통해 배울 수 있다고 생각했기 때문에 입찰한 것이겠죠. 부자들은 배움에 있어서 타의 추종을 불허합니다. 배울 수만 있다면 그 어떤 희생도 감수하는 사람이 부자입니다.

자, 어떤가요? 이런 부자의 태도와 생각 중에 지금 내가 가지고 있는 것은 몇 가지나 되나요? 모두 가지고 있고 실천하고 있는데도 아직 부자가 아니라고요? 그렇다면 걱정하지 않아도 됩니다. 곧 얼마 지나지 않아 부자가 될 테니까요.

부자가 된다는 것은 단순히 얼마의 돈을 가지고 있느냐에 달렸다기보단 어떠한 자질을 갖추고 있느냐에 달렸습니다. 부자의 자질을 갖추고 있다면 자연스레 부자의 반열에 오르게 됩니다. 단지 시간의 문제일 뿐입니다.

그럼, 이제부터 부자가 되기 위한 저만의 노력과 투자 방법을 하나씩 소개해 보겠습니다.

수익률 함정에 빠지지 말 것

같은 단지에 동, 층, 방향, 내부 상태가 모두 똑같은 두 가지의 투자 물건이 있다고 가정해 보겠습니다. 여러분은 어떤 물건에 투자하겠습니까?

투자 물건	매수 가격	전세가	투자금
A	2억 원	1억 9,000만 원	1,000만 원
B	1억 8,000만 원	1억 4,000만 원	4,000만 원

아마 많은 분이 투자금이 적게 드는 A를 선택할 겁니다. 특히 상승장에서는 더욱 그러한 선택을 하게 됩니다. 그 이유는 바로 레버리지를 활용해서 수익률을 극대화할 수 있기 때문입니다.

투자 물건	매수가격	전세가	투자금	6개월 뒤 매매 시세	수익률
A	2억 원	1억 9,000만 원	1,000만 원	2억 4,000만 원	400%
B	1억 8,000만 원	1억 4,000만 원	4,000만 원	2억 4,000만 원	150%

매수 6개월 뒤 매매 시세가 2억 4,000만 원으로 올랐을 때, A를 매수한 투자자의 수익률은 400%, B를 매수한 투자자의 수익률은 150%입니다.

A = [(2억 4,000만 원 − 2억 원) ÷ 투자금 1,000만 원] × 100 = 400%

B = [(2억 4,000만 원 − 1억 8,000만 원) ÷ 투자금 4,000만 원] × 100 = 150%

수익률에서 무려 2.5배 이상의 차이가 납니다. 누가 봐도 적은 투자금으로 수익률을 극대화한 A가 더 우수한 투자라고 생각할 겁니다. 적어도 2021년 말까지는 그랬습니다.

하지만 2022년 초 전 세계적인 금리 인상의 여파로 국내 부동산 시장이 본격적인 하락장에 진입하면서부터는 그런 생각에도 조금 변화가 나타납니다.

투자 물건	매매가	전세가	투자금	30% 하락		수익률
				매매 시세	전세 시세	
A	2억 원	1억 9,000만 원	1,000만 원	1억 8,000만 원	1억 6,000만 원	−200%
B	1억 8,000만 원	1억 4,000만 원	4,000만 원	1억 8,000만 원	1억 6,000만 원	0%

2억 6,000만 원을 최고가로 찍은 A와 B는 2022년 하락장에 접어들어 시세가 꺾이기 시작하더니, 2022년 12월이 되자 고점 대비 30% 이상 하락한 1억 8,000만 원까지 내려옵니다. 이렇게 가격이 떨어지자 수익률은 급변합니다.

A: -200%, B: 0%

A = [(1억 8,000만 원 - 2억 원) ÷ 투자금 1,000만 원] × 100 = -200%

B = [(1억 8,000만 원 - 1억 8,000만 원) ÷ 투자금 4,000만 원] × 100 = 0%

매매가가 하락하면서 전세가도 동시에 하락하여 A를 매수한 투자자는 마이너스 3,000만 원의 역전세까지 감당해야 하는 상황에 놓이게 되었습니다. **2022년 하반기부터 2023년 현재까지도 많은 지역과 단지에서 벌어지고 있는 실제 모습입니다.**

상승장에서는 우수한 투자로 평가받았던 A 투자가 하락장에서는 오히려 골칫덩어리가 되었습니다. 수익률의 관점에서 A는 분명 좋은 투자 대상이지만, 그것은 언제까지나 상승장일 때만 유효하다는 것을 말해주는 사례입니다.

투자금을 줄이는 것에 욕심내선 안 됩니다. 무피 투자, 플피 투자를 해 봤다고 해서 투자를 잘하는 것이 아닙니다. **오히려 투자를 잘하는 사람은 투자금보다 안전 마진에 욕심을 냅니다.** 투자금을 조금 더 집어넣더라도 가격이 싼 물건을 매수하여, 혹시 가격이 떨어지더라도 손해를 보지 않는 투자를 하는 사람들입니다.

그럼, 이렇게 반문하는 분들이 있을 겁니다.

보유 자금이 2,000만 원뿐이라 A밖에 투자할 수 없다면, 어떻게 해야 할까요?

저는 투자를 포기합니다. A, B 어느 것도 선택하지 않습니다. B를 선택할 수 없다고 해서 차선으로 A를 선택하지는 않습니다. A, B 모두 포기하고 차라리 새로운 투자처 C, D를 찾아 나서는 것이 더 현명합니다.

전세보증금을 최대한 활용하여 실투자금을 최소화하는 방식으로만 투자를 접근하면 필시 '수익률 함정'에 빠집니다. **중요한 점은 절대 부동산을 비싸게 사지 않는 것입니다.**

진정한 투자의 고수는 수익률에 더 집중할지도 모르겠습니다. 하지만 저를 비롯해서 이 책을 읽는 많은 분은 아직 투자의 고수가 아닙니다. **스스로 아직 투자의 고수가 아니라고 생각한다면, 우리는 수익률이 아닌 승률에 더 집중해야 합니다.**

수익률에 대한 욕심을 좀 낮추더라도 잃지 않는 투자로 늘 높은 승률을 유지해야 합니다. 잃지 않는 투자를 하려면 절대 높은 가격에 매수해서는 안 됩니다. 충분한 안전 마진을 두고 매수해야 합니다.

수익률을 어느 정도 포기하는 대신 하락에 대한 대응력을 갖추는 것이 안전한 투자입니다. 언제든 시장은 하루아침에 하락장으로 변할 수 있습니다.

자, 퀴즈를 하나 내겠습니다.

다음 표의 네 가지의 경우를 우수한 투자 순으로 나열해 보세요.

	비쌀 때	쌀 때
좋은 물건	1번	2번
안 좋은 물건	3번	4번

당연히 2번이 가장 우수한 투자입니다. 좋은 물건을 싸게 살 때죠. 3번이 가장 우수하지 않은 투자인 것도 자명합니다. 안 좋은 물건을 비싸게 살 때죠. 이제 남은 것은 1번과 4번입니다.

좋은 물건을 비싸게 주고 사는 것(1번)과 안 좋은 물건을 싸게 사는 것(4번) 중 더 우수한 투자는 무엇일까요? 여러분이라면 어떤 투자를 선택하겠습니까?

저는 안 좋은 물건을 싸게 사는 4번이 좋은 물건을 비싸게 주고 사는 1번보다 더 우수한 투자라고 생각합니다.

제 기준에서 우수한 투자는 **2번 〉 4번 〉 1번 〉 3번**순입니다.

혹자는 '그래도 좋은 물건을 비싸게 사는 것이 안 좋은 물건을 싸게 사는 것보다 더 우수한 투자 아닌가'라고 생각할 수 있지만, 승률의 관점에서는 4번이 더 좋은 투자입니다. 비싼 물건이 더 비싸지길 기대하는 것보다 좋지 않더라도 싸게 매수해서 오를 때까지 느긋하게 기다리는 것이 잃지 않는 투자가 될 확률이 더 높습니다.

이것이 남과 다른 길을 가는 저만의 청개구리 투자법 중 하나입니다.

그동안 여러분이 해 온 투자들은 각각 몇 번에 해당하는지 번호를 매겨 보기 바랍니다. 그리고 그 투자들의 성과를 현재 시점에서 복기해 보세요. 무슨 번호의 투자가 가장 많았고, 또 가장 적었나요? 4번 투자와 1번 투자 중 어떤 투자의 성과가 더 좋은가요? 꼭 한번 점검해 보기 바랍니다.

20년 넘은 아파트 사도 되나요?

———

새 아파트는 좋습니다. 내부 구조도 좋고 단지 내 커뮤니티 시설도 잘 갖춰져 있습니다. 상승장에서는 신축 아파트의 가격 상승이 구축 아파트의 가격 상승을 압도합니다. 사람들이 새 아파트를 원하는 것은 당연합니다.

누구나 새 아파트가 좋다는 것을 알지만, 그렇다고 누구나 다 새 아파트를 선택하는 것은 아닙니다. 자녀들의 학교, 직장과의 거리 등을 고려해 어쩔 수 없이 좀 오래된 아파트를 선택할 수밖에 없기도 합니다.

문제는 이런 구축 단지들의 연식이 보통 20년이 넘어간다는 것입니다. 좀 살다 보면 곧 30년도 넘을 텐데, 과연 나중에 이 집을 팔려고 할 때 누가 이렇게 오래된 집을 사줄지 고민이 됩니다.

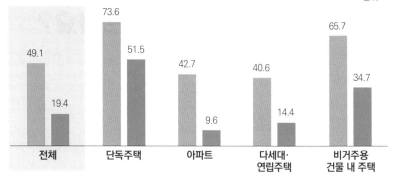

노후 주택 비중 추이

■ 20년 이상 ■ 30년 이상

단위: %

출처: 통계청, 〈2020 인구주택 총조사〉

저의 해법은 사도 좋은 구축이 있고 사면 안 되는 구축이 있다는 것입니다. 그럼 사도 좋은 20년 넘은 구축과 사면 안 되는 20년 넘은 구축은 어떻게 구분할까요?

그 기준은 구축 아파트의 경쟁력입니다. 그리고 그 경쟁력의 구성 요소는 다음 다섯 가지입니다.

구축 단지 투자 기준
● 높은 세대당 평균 대지지분
● 신축 아파트에 딱 붙은 입지
● 우수한 중학교 학군

- 초역세권
- 일자리 접근성

이 다섯 가지 구성 요소를 갖춘 20년 넘은 아파트는 매수해도 됩니다. 다섯 가지를 모두 가지고 있다면 더할 나위 없고, 다 갖추지 못했더라도 최대한 많은 요소를 가진 단지를 매수하는 것이 좋습니다. 저는 이것을 '구축 단지 투자 기준'이라고 부릅니다.

1. 높은 세대당 평균 대지지분

아파트가 오래되면 재건축이라는 것을 하게 됩니다. 하지만 모든 아파트가 다 재건축을 할 수 있는 것은 아닙니다. 재건축을 할 수 있는 아파트와 재건축을 할 수 없는 아파트를 가르는 기준은 세대당 평균 대지지분입니다.

세대당 평균 대지지분은 재건축 사업성과 직결됩니다. 세대당 평균 대지지분이 높은 아파트는 재건축을 할 수 있기 때문에 연식이 더해질수록 재건축 기대감에 가격이 오르지만, 세대당 평균 대지지분이 낮아 사업성이 없는 아파트는 시간이 지날수록 가치가 떨어집니다.

세대당 평균 대지지분은 '총대지면적 ÷ 세대수'로, 이 값이 크다는 것은 각 세대가 가지는 대지지분이 전반적으로 큰 단지라는 뜻입니다. 예를 들어 1,500평의 부지를 100명의 소유자가 가지고 있다면 세대당 평균 대지지분은 15평입니다. 이 값이 크면 클수록 일반 분양 물량이 많아지기 때문에 사업성도 좋아진다고 할 수 있습니다. 저는 이 세대당 평균 대지지분이 20평 내외여야 재건축 사업성이 있다고 판단합니다.

그럼 내가 살고 있는, 또는 내가 알고 있는 구축 아파트의 세대당 평균 대지지분이 얼마나 되는지는 어떻게 알 수 있을까요? 디스코 사이트 www.disco.re를 활용하면 쉽게 구할 수 있습니다.

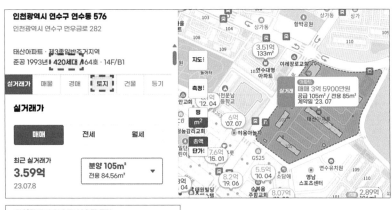

인천 연수구 연수동 태산아파트입니다. 1993년식입니다.

$$37.277.1㎡ \times 0.3025 = 11,276.3평$$
$$11,276.3평 \div 420세대 = \mathbf{26.8평}$$

태산아파트의 세대당 평균 대지지분은 26.8평입니다. 저는 20평 정도면 사업성이 있다고 보는데, 태산은 26.8평이니 재건축 사업성이 매우 높습니다. 당장 재건축 사업이 추진되지 않더라도, 이런 단지는 늘 재건축 기대감을 가지고 있습니다. 이왕 20년이 넘은 구축 단지를 매수하고 투자한다면 세대당 평균 대지지분이 높은 단지를 선택하는 것이 좋습니다. 조간만 재건축이라는 옷으로 갈아입고 다음 상승장에 진흙 속 진주로 거듭날 가능성이 높기 때문입니다.

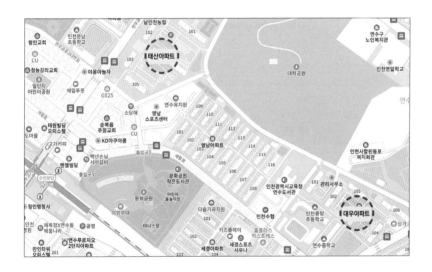

연수동에 위치하고 있는 비슷한 연식의 또 다른 단지인 대우아파트와 태산아파트의 세대당 평균대지지분을 비교해 보겠습니다.

세대당 평균대지지분(디스코 사이트 기준)

태산아파트	대우아파트
37,277.1㎡ × 0.3025 = 11,276.3평 11,276.3평 ÷ 420세대 = 26.8평	24,129.4㎡ × 0.3025 = 7,299.1평 11,252.4평 ÷ 390세대 = 18.7평

태산아파트가 대우아파트보다 약 8평가량 더 큰 세대당 평균대지지분을 가지고 있습니다. 두 아파트의 최근까지 시세를 한번 비교해 볼까요?

본격적인 상승이 시작되기 전인 2019년 말까지만 해도 대우아파트의 시세가 태산아파트보다 늘 높았습니다. 하지만 2020년부터는 두 단지의 시세가 거의 일치하는 모습을 보이고 있으며, 이는 태산아파트가 가진 높은 세대당 평균대지지분의 힘입니다.

태산아파트의 최근 실거래가

매매 실거래가	2023.09. 국토교통부 기준
계약월	매매가
2023.08.	3억 6,200(15일,5층)
2023.07.	3억 5,900(8일,11층)
2023.04.	3억 4,500(4일,7층)
2023.02.	3억 5,000(28일,5층)

대우아파트의 최근 실거래가

매매 실거래가	2023.09. 국토교통부 기준	
계약월	매매가	
2023.07.	3억 2,500(28일,3층)	3억 7,500(19일,12층)
2023.06.	3억 5,000(22일,10층)	
2023.05.	3억 5,000(18일,12층)	
2023.02.	4억 4,000(28일,3층)	3억 5,000(26일,14층)
2023.01.	3억 1,500(14일,5층)	

다음은 울산 북구 연암동 벽산늘푸른 아파트를 살펴보겠습니다.

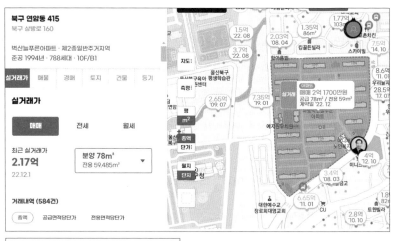

$$18{,}474평 \div 788세대 = 23.4평$$

벽산늘푸른 아파트의 세대당 평균 대지지분은 23.4평으로, 역시 높은 세대당 평균 대지지분을 보유하고 있습니다. 태산아파트와 마찬가지로 재건축 사업성을 갖춘 단지라고 볼 수 있겠습니다.

이런 식으로 여러분이 관심을 가지고 있는 단지들의 세대당 평균 대지지분을 직접 구해 보기 바랍니다. 일부 부동산 빅데이터 사이트에서 세대당 평균 대지지분 정보를 곧바로 제공해 주긴 하지만, 일부 단지에 국한되어 있으며 직접 계산하는 법을 익히는 것도 의미가 있습니다.

세대당 평균 대지지분 20평 이상이면, 20년 된 아파트 투자해도 괜찮다. 기억하기 바랍니다.

2. 신축 아파트에 딱 붙은 입지

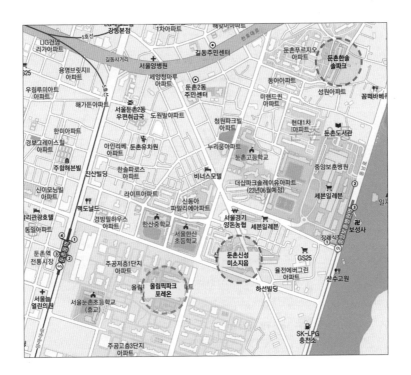

향후 강동구의 대장 아파트가 될 올림픽파크포레온 아파트(구 둔촌주공아파트) 주변으로 가 보겠습니다. 여력이 있다면 올림픽파크포레온을 매수하면 가장 좋겠지만, 여력이 되지 않아 강동구 둔촌동 구축 단지 중에서 내 집을 장만하거나 투자해야 한다면 둔촌신성미소지움 아파트

를 매수하는 것이 좋을까요? 아니면 둔촌한솔솔파크를 매수하는 것이 좋을까요?

결론을 말씀드리면, 신축 아파트에 가깝게 붙은 입지의 구축 단지를 매수하는 것이 더 좋습니다. 그 신축 아파트가 해당 지역의 대장 단지라면 더더욱 말이죠.

둔촌신성미소지움 아파트와 둔촌한솔솔파크의 과거 시세 흐름을 살펴보면 위와 같습니다. 2016년 중반까지만 해도 두 단지의 시세는 비슷했습니다. 5억 원 정도의 자금이면 두 단지 어디나 다 선택할 수 있었습니다. 그러던 두 단지의 시세는 2017년 상승장에 들어와 조금씩 벌어지기 시작했는데, 이는 바로 둔촌주공아파트의 재건축 추진이 가시화되었기 때문입니다. 2017년 들어 둔촌주공아파트의 이주가 시작된 것입니다. 향후 신축 대장 단지와 입지, 환경, 편의 시설 등의 많은 부분을 공유하게 될 둔촌신성미소지움 아파트의 가치가 둔촌한솔솔파크보다 더 높아질 것이라고 시장이 평가한 것입니다.

상승장에서 벌어졌던 두 단지의 가격은 2023년 8월 현재 다시 비슷해졌습니다.

둔촌신성미소지움 아파트 최저 10억 6,000만 원~최고 11억 원
둔촌한솔솔파크 최저 9억 8,000만 원~최고 10억 8,000만 원

하지만 앞으로 둔촌한솔솔파크가 둔촌신성미소지움 아파트를 가격으로 앞설 가능성은 없습니다. 만약 다음 상승장이 올림파크포레온 입주 이후라면 오히려 두 단지의 가격차는 더 벌어질 것으로 예상합니다. 현재 만약 10억 원 정도의 자금이 있다면 둔촌한솔솔파크보다는 둔촌신성미소지움 아파트를 선택하는 것이 더 좋습니다.

이왕 같은 돈이면 신축 단지, 대장 단지와 인접한 구축 단지를 선택하는 것이 좋습니다. 상승장에서는 신축 단지와 인접한 구축 단지가 그 주변의 여타 구축보다 신축 단지 시세에 더 민감하게 반응하기 때문입니다. 따라서 향후 다가올 상승장을 미리 준비한다면 둔촌신성미소지움 아파트와 같은 곳에 내 집 마련을 하거나, 이런 단지로 갈아타야 하는 것입니다.

3. 우수한 학군

구축 단지 투자의 기준 세 번째는 우수한 학군입니다.

아래 그림은 인천광역시 송도구 송도동의 학원가입니다. 1·2공구는 비교적 연식이 오래된 구축 단지가 많지만(1공구 입주 시기: 2009~2015년, 2공구 입주 시기: 2005~2009년), 학군이 우수하고 학원이 잘 갖춰져 실거주 만족도가 높으며 타 공구 대비 전세가율 또한 높게 형성되어 있습니다. 6·8공구를 중심으로 신축 아파트들이 입주하고 있으나, 학령기 자녀는 둔 부모들은 아파트 연식이 조금 오래되었어도 안전한 통학과 편리한 학원 이용을 이유로 1·2공구를 선택하는 경우가 많습니다.

출처: 호갱노노

　사회가 1~2인 가구로 재편되고 청년실업이 심해지면서 학군지의 가치가 떨어질 것이라는 전망도 있지만, 오히려 우수한 학군지에 대한 수요는 더 늘 것이라고 생각합니다. 소득이 늘고 자녀가 적을수록 더 좋은 교육 환경을 제공해 주고 싶은 것이 부모의 마음이기 때문입니다.

　학부모들은 거주지를 먼저 고르고 집에서 가까운 학교와 학원을 고르는 것이 아니라, 반대로 우수한 학교와 학원을 선택한 후 오가기 편한 거주지를 선택합니다.

　학군이 안 좋은 아파트를 선택하는 것은 반쪽 경쟁력을 가진 아파트를 고르는 것과 같습니다. 거주 고려 대상을 반으로 줄이는 것이기 때문입니다. 매수할 수 있는 사람의 숫자가 줄어들수록, 수요와 공급의 법칙에 따라 오를 때 덜 오르고 떨어질 때 더 많이 떨어집니다. 잠재적 수요량은 부동산 가격에 중요한 영향을 미치는 요소입니다.

연식이 좀 오래된 구축 아파트라도 가까운 곳에 학업성취도 90% 이상인 중학교가 있고 학생들의 수준을 고려한 다양한 학원이 잘 갖춰진 학원가가 형성되어 있다면 투자해도 좋을, 경쟁력을 가진 구축 단지라고 할 수 있겠습니다.

4. 초역세권

역세권 구축 투자처를 검토할 때 첫 번째 기준은 강남 접근성입니다.

오래된 자료이긴 하지만 오른쪽 그림은 강남역에서 멀어질수록 3.3㎡당 199만 원씩 아파트 시세가 낮아진다는 것을 보여 주고 있습니다. 아마도 현재는 그보다 훨씬 더 큰 격차를 보일 것입니다.

강남 접근성이 얼마나 좋은지에 따라 가격 차이가 벌어집니다. 이를 감안하면 지하철 2호선·3호선·5호선·7호선·9호선·신분당선 등이 좋은 노선이고, 이 노선들이 겹치는 더블 역세권·트리플 역세권은 더 눈여겨 봐야 할 최상의 입지라고 할 수 있습니다.

이미 강남 접근성이 좋은 역세권 아파트 가격은 비싼 것이 현실이기 때문에, 향후 신설되는 역세권을 주목해 보는 것도 좋습니다. 3·5·7·8·9호선의 연장선 교통계획과 GTX-A노선 등 신설 역세권 주변 준공 20~30년 안팎의 중고 아파트에도 관심을 가져 보세요.

역세권별 아파트 시세 현황

단위: 만 원, 3.3㎡당

3.3㎡당 199만 원 낮아짐

강남역	사당역	신림역	신도림역 (환승역 장점 작용)	온수역	송내역	동암역	동인천역
1,991	1,647	1,152	1,337	998	901	620	594

3.3㎡당 495만 원

3.3㎡당 344만 원

3.3㎡당 26만 원

자료: 닥터아파트

역세권 구축 투자처를 검토할 때 두 번째 기준은 일자리 접근성입니다.

대표적으로 현재 건설 중인 신안산선은 완전 일자리 노선입니다. 여의도부터 구로 가산, 시흥, 안산시까지 일자리 지역 아닌 곳이 없습니다. 강남을 통과하지는 않지만, 비강남 통과 노선 중에서는 가장 사업성이 높은 노선이 될 것입니다.

또 하나의 노선은 월곶판교선입니다. 현재 수도권을 대표하는 양질의 일자리 지역인 판교와 앞으로 그에 못지않은 양질의 일자리가 많아질 것으로 기대되는 광명을 잇는 노선이기 때문입니다.

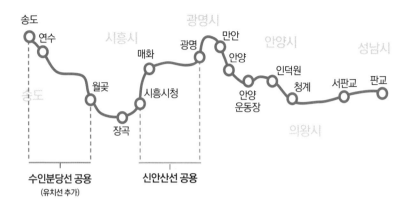

월곶판교선(월판선) 노선도

5. 일자리 지역

　구축 단지 투자의 기준 마지막 다섯 번째는 일자리가 많은 지역입니다.

　오른쪽 지도에서 보는 바와 같이 우리가 알 만한 대기업 본사는 모두 서울에 있습니다. 생산 공장은 모두 해외로 나가고 대기업 본사만 양질의 일자리로 남은 것입니다. 요즘 젊은이들은 지방 근무를 기피합니다. 고급 일자리와 문화가 몰려 있는 대도시에 살기를 희망합니다.

　요즘 조선업이 호황이라고 합니다. 하지만 조선업의 대표 도시 거제에는 일할 사람이 부족합니다. 3년 치 일감이 확보될 정도로 호황이라도 일할 사람이 오지 않으니 부동산 가격이 오르지 않는 것입니다.

종로구
SK에너지
SK트레이딩인터내셔널
현대건설
현대해상
교보생명보험
GS건설
SK종합화학

대림산업
SC제일은행
LG상사
코리아리
흥국생명보험
SK건설
LG생활건강
현대엔지니어링

서대문구
농협생명보험

마포구
S-oil

중구
한화
하나은행
우리은행
신한은행
CJ제일제당
두산
롯데쇼핑
SK텔레콤
기업은행

SK네트웍스
미래에셋대우
농협은행
한국씨티은행
대우건설
CJ대한통운
현대케미칼
호텔 롯데
동국제강

성동구
이마트

강서구
대한항공
LG이노텍
에스앤아이코퍼레이션
아시아나항공
홈플러스

용산구
LG유플러스

영등포구
LG전자
LG화학
한화생명
한국산업은행
국민은행
NH투자은행
메리츠종금증권
한국투자증권
한화손해보험
한국수출입은행
KB증권

송파구
삼성물산(상사 부문)
롯데케미칼
삼성SDS

금천구
이랜드월드

서초구
현대자동차
기아자동차
삼성생명
삼성화재해상보험

강남구
GS칼텍스
현대모비스
DB손해보험
현대글로비스
KB손해보험
GS리테일
메리츠화재
고려아연
한국타이어

따라서 이왕 구축 단지에 투자하려면 향후 일자리가 늘거나 고급 일자리가 있는 지역이라면 더 좋겠습니다. 그런 지역은 어디일까요?

삼성역과 광화문, 마곡과 여의도, 구로와 가산 등 일자리 지역에 인접한 단지들은 이미 비싸기 때문에 앞으로 일자리가 늘어날 곳을 더 주목해야 합니다. **경기북부밸리1차(일산), 경기북부밸리2차(남양주, 양주), 판**

교밸리2차, 광명테크노밸리, 강동 고덕상업업무복합단지 등과 같은 지역입니다.

이들 지역 인근에 편리한 교통망과 우수한 학군까지 겸한 아파트라면 구축 단지라도 투자해도 좋습니다.

이상으로 구축 단지 투자의 기준 5가지를 살펴보았습니다.

잘 고른 구축 단지 하나는 신축 단지 못지않은 효자 노릇을 할 수 있다는 점을 기억해서, 5가지 기준에 모두 부합하는 구축 단지를 찾아보기 바랍니다.

다섯 가지 경쟁력을 지닌 구축 아파트는 그렇지 못한 아파트에 비해 상승장에서 더 많이 상승하고 하락장에서 상대적으로 덜 하락합니다. 투자금이 조금 더 들어가도, 가격이 조금 더 비싸도, 경쟁력 있는 구축 아파트를 매수하는 것이 낫습니다.

모두 "신축! 신축! 신축!"만을 말할 때, 구축 단지에 투자하는 것은 청개구리 투자입니다. **새 아파트라는 것을 제외하고는 별다른 경쟁력이 없는 단지와 20년도 더 된 아파트이지만 다섯 가지의 경쟁력을 확실히 보유한 단지가 있다면, 반드시 후자를 선택해야 합니다.** 지금은 새 아파트여도 세월이 흐르면 결국 구축 아파트가 되기 때문입니다. 상품은 나이를 먹을 수 있지만, 경쟁력은 나이를 먹지 않습니다.

전세 시장의 역습에 대비하라

"매매가와 전세가가 붙어 있는 것이 있다면 주저하지 말고 투자하라!" "부동산 상승기 때는 전세가율이 내려가고, 하락기에는 전세가율이 높아진다."

여러분 누구나 부동산 투자를 해 오면서 이런 말들을 한번쯤은 들어봤을 것입니다. 책과 유튜브 등에서 이와 비슷한 이야기를 많이 접했겠죠.

하지만 지금으로부터 3년 전쯤 매매가와 전세가가 붙어 있는 물건이 있어 주저 없이 투자한 사람들이 있다면, 안타깝게도 현재 역전세를 겪고 있을 가능성이 큽니다. 전국 대부분 지역에서 전세가가 하락하여 보증금을 상당 부분 돌려줘야 하는 경우에 처해 있습니다.

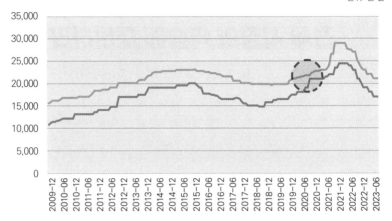

단위: 만 원

위 그림은 모 지방 아파트의 매매가와 전세가 흐름입니다. 2020년 가을, 매매 시세와 전세 시세가 거의 붙어 있는 모습입니다.

2020년 10월 KB 매매 시세: 2억 1,750만 원, 전세 시세: 2억 1,000만 원

불과 750만 원 차이, 투자금을 거의 들이지 않고 투자가 가능했습니다. 3년이 다 되어 가는 요즘은 어떨까요? 3년 전보다 4,000만 원가량 전세가가 하락해 있습니다. 매매가와 전세가 모두 하락했습니다.

2023년 8월 KB 매매 시세: 2억 1,000만 원, 전세 시세: 1억 7,000만 원

그럼, 하락기에는 전세가율이 반드시 높아질까요? 한국부동산원의 2023년 7월 기준 통계 자료를 살펴보면, 전국 모든 지역에서 최근 3개월 전세가율이 최근 1년 전세가율보다 낮습니다. 2022년 말까지만 해도 약 절반 정도였던 비중이 갈수록 커져 현재는 전국 어느 지역이든 예외 없이 전세가율이 하락했습니다. 따라서 부동산 하락기에 전세가율이 무조건 높아진다고 단정할 수는 없습니다.

지역	2022년 11월 기준		2023년 7월 기준	
	최근 1년	최근 3개월	최근 1년	최근 3개월
서울특별시	62.5	63.1	58.7	52.3
부산광역시	71.5	68.5	68.1	62.3
대구광역시	74.3	72.6	70.6	65.0
인천광역시	75.2	72.6	70.6	63.1
광주광역시	75.5	74.8	72.5	70.4
대전광역시	75.5	74.6	74	69.5
울산광역시	80.2	80.3	74.4	68.8
세종특별자치시	53.2	52.6	50.7	46.5
경기도	70.7	71.2	67.9	62.4
강원도	80.7	79.6	78.1	76.8
충청북도	82.3	83.9	80.5	79.3
충청남도	80.4	81.2	78.2	75.5
전라북도	81.6	84.5	80.0	78.4
전라남도	80.1	80.5	77.0	75.7
경상북도	86.2	87.3	84.0	80.2
경상남도	81.1	81.2	78.5	74.8
제주특별자치도	75.5	71.2	71.7	64.8

출처: 한국부동산원

책과 유튜브에서 말하는 이론들이 하락장이나 경제 상황이 달라진 지금 전혀 통하지 않게 되면서, 그것을 있는 그대로 믿고 투자한 많은 사람이 전세 시장의 역습에 고통을 받고 있습니다. 무엇이 문제였을까요?

부동산 시장의 이론들은 해가 뜨고 달이 지고 지구가 도는 자연현상을 설명하는 자연과학 이론이 아닙니다. 사람들의 심리가 개입되는 사회과학의 영역이고, 만고불변의 진리가 아닌 사회적 현상에 대한 실증적 분석을 통해 수정·보완하며 발전하는 이론입니다.

따라서 지구가 태양 주위를 공전한다는 것은 재론의 여지가 없지만, 매매가와 전세가가 붙어 있으면 주저 없이 투자해야 한다거나 하락기에는 무조건 전세가율이 올라간다는 것은 얼마든지 재론의 여지가 있는 이론과 주장입니다. 이러한 부동산 시장의 사회과학적 성격을 이해해야 흔히 전문가라고 하는 사람들의 주장을 곧이곧대로 믿지 않게 됩니다. 사회과학 영역의 이론들은 시장과 사회, 사람들의 심리 변화에 따라 얼마든지 수정되고 재해석될 수 있다는 점을 꼭 명심해야 합니다.

전세 시장의 역습에 고통받는 이유는 이러한 부동산 시장의 사회과학적 성격을 이해하지 못한 탓도 있겠으나, 동시에 욕심은 과했고 준비는 부족한 탓도 있었을 것입니다. 즉 투자 물건의 개수와 투자금에 너무 욕심을 낸 나머지, 혹시 찾아올지 모를 시장 흐름이나 경제 상황의 변화로 인한 전세가 하락에 대한 대비는 부족했던 것입니다.

오히려 순서를 바꾸어 투자 물건의 개수, 투자금에는 욕심을 버리고 언제 찾아올지 모를 상황 변화에 대한 준비에 좀 더 욕심냈더라면 아마 지금의 전세 시장 역습에도 큰 어려움이 없었을 것입니다.

사회과학 이론에 관해서는 늘 비판적 시각을 가져야 합니다. 읽은 대로, 배운 대로, 생각한 대로 되지 않을 가능성을 염두에 두어야 하죠.

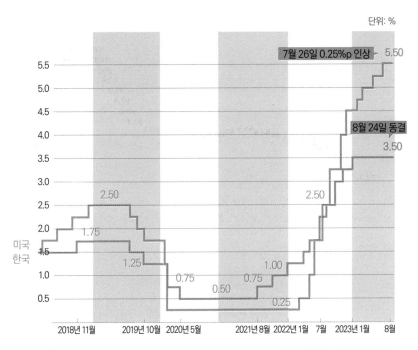

한·미 금리 격차

단위: %

미국
한국

2018년 11월 2019년 10월 2020년 5월 2021년 8월 2022년 1월 7월 2023년 1월 8월

자료: 한국은행, 미국연방준비제도

앞으로 상당 기간 고금리는 유지될 것으로 보이고, 고금리가 유지되는 동안 전세 가격은 지속적인 약세를 보일 것으로 예상됩니다. 전세 수요보다는 월세 수요가 더 높을 것이고요.

물론 현재 전세가가 반등하고 전세 매물이 줄어드는 지역도 있습니다. 하지만 일부에 불과하고, 여전히 많은 지역의 전세가는 하락하고 있으며 세입자를 구하는 데 어려움을 겪고 있습니다.

인천 아파트 전세가격지수

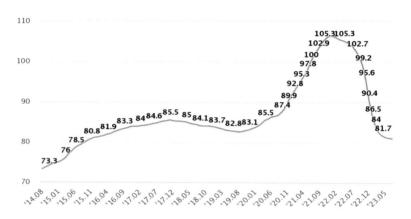

부산 아파트 전세가격지수

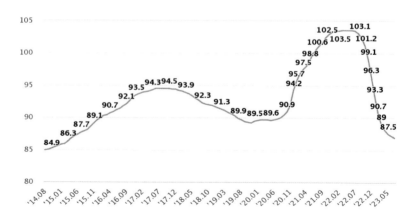

그러다 보니 세입자 구하기 경쟁이 심화되고 있는 모습입니다. 전세 계약을 해 주면 명품 가방을 선물로 주겠다는 뉴스가 화제되기도 하였죠.

자, 그렇다면 이렇게 세입자 구하기가 힘들어지고 있는 현재의 상황을 돌파할 수 있는 방법은 없을까요? 몇 가지 팁을 소개합니다.

① 세입자 구하기가 어려울 때는 최대한 많은 부동산 중개업소에 홍보를 의뢰해야 합니다. **저는 보통 50군데 이상 내놓습니다.** 어느 부동산 중개업소를 통해 세입자를 구하게 될지 우리는 알 수 없습니다. 운의 영역이기 때문입니다. 운의 영역에서 성공 확률을 높이기 위해서는 시도 횟수를 늘리는 수밖에 없습니다.

② 매물이 많은 상황에서 전세를 빨리 빼려면 내 물건에 경쟁력이 있어야 합니다. **경쟁력은 가격이거나 인테리어입니다.** 가격이든 인테리어든, 뭐든 하나의 경쟁력은 있어야 합니다. 물론 가격도 저렴하고 인테리어도 잘되어 있다면 1순위입니다. 경쟁 매물과 견주었을 때 내 물건이 가장 먼저 브리핑되는지 지속적인 모니터링을 하는 것이 중요합니다. 가끔 저는 집을 구하는 세입자인 척하고 부동산 몇 군데 전화를 겁니다. 그리고 어떤 조건의 물건이 가장 먼저 브리핑되는지 확인합니다.

③ 시장에 물건이 많을 때는 선택권을 쥐고 있는 새로운 세입자

에게 다양한 베네핏을 제공함해서 내 물건을 선택하게 유도해야 합니다. **저는 전세보증보험을 들어 준다거나 입주청소를 해 주고 애완견을 허용해 주는 조건 등을 자주 사용하는 편입니다.**

④ 결국 현장에서 내 물건을 브리핑해 주는 사람은 부동산 중개업소 소장님입니다. 많은 물건 중에 어떤 물건을 어떻게 소개할지는 모두 소장님의 재량입니다. 같은 조건이라면 내 물건이 우선적으로 브리핑될 수 있도록 소장님과의 지속적인 커뮤니케이션이 중요합니다. **중개 과정에서 일어나는 애로 사항을 적극 해소해 드리는 노력은 물론이고, 추가적인 복비 제공이라는 인센티브를 제공하는 것도 검토해 볼 만합니다.**

각자 처한 상황에 맞게 선별하여 활용해 보기 바랍니다.

매수는 예술, 매도는 기술

부동산 투자 격언 중 "매수는 기술, 매도는 예술"이란 말이 있습니다. 그만큼 매도가 힘들다는 뜻입니다.

그럼 왜 매도가 매수보다 힘들까요?

다음 그림처럼 보통 시장은 거의 매수자 우위입니다. 시장에는 늘 매도자가 매수자보다 많습니다.

매수자는 보유하고 있는 자금 내에서 선택할 수 있는 여러 물건의 옵션이 있지만, 매도자는 선택의 폭이 좁습니다. 시장에 나와 있는 여러 매도 매물과 경쟁을 펼쳐 내 물건을 사 줄 단 한 명의 매수자를 구해야 하기 때문입니다. 매수는 돈만 있으면 할 수 있지만, 매도는 내 물건을 사 줄 매수자가 있어야 하기에 어렵습니다.

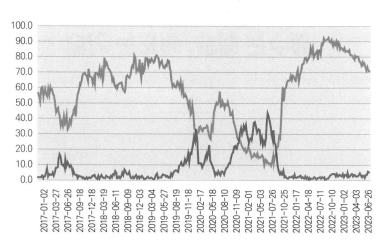

인천 매수·매도 추이

■■■ 매도자 수   ■■■ 매수자 수

이것이 일반적으로 이야기하는 매수는 기술, 매도는 예술이라는 말의 뜻입니다. 매수는 쉽지만, 매도는 상대적으로 어렵다는 것을 의미합니다. **하지만 저는 이런 시장의 일반적 이론과 반대로 매수가 '예술', 매도는 '기술'이라는 생각으로 지금까지 투자를 해 왔습니다.**

매수를 매도보다 더 어렵게, 더 공을 들여 투자해 왔습니다. 경험적으로 매수를 매우 좋은 가격에 예술같이 잘 해 두었더니 매도는 상대적으로 쉬웠습니다. 싸게 매수해서 싸게 매도한다는 생각이면 비록 시장이 매도자가 많은, 매수자 우위 시장이라고 하더라도 매도는 어렵지 않습니다.

요즘 같은 부동산 하락장에서도 수익을 내며 살아남는 자는 지난 상승장에서 예술 같은 매수를 해 둔 사람들입니다.

위 표는 인천 송도구 연수동 영남아파트 84㎡ 실거래가입니다.

불과 서너 달 사이에 어떤 사람은 2억 7,000만 원에 매수를 하고, 어떤 사람은 3억 6,500만 원에 매수를 했습니다. 거의 1억 차이입니다.

요즘 최저가 시세는 2억 8,000만 원입니다. 비록 수익이 크진 않아도 2021년 3월에 2억 7,000만 원으로 매수한 사람은 여전히 수익권이지만, 7월에 3억 6,500만 원으로 매수한 사람은 손해 구간입니다.

이처럼 싸게 매수하는 것이 중요합니다. 얼마나 싸게 매수하느냐에 따라 가격 변동에 상관없이 늘 수익권에 머물 수 있기 때문입니다. **좋은 물건은 없습니다. 좋은 가격만 있을 뿐입니다. 마찬가지로 나쁜 물건은 없습니다. 나쁜 가격만 있을 뿐입니다.**

아무리 좋은 물건이어도 나쁜 가격에 매수해서는 안 됩니다. 이것은 매수를 예술이 아닌 기술로 대한 것입니다. 가격이 올랐다는 것만큼 큰 리스크는 없습니다. 투자금, 갭을 줄이는 것보다 싸게 사는 것이 훨씬 더 중요합니다.

좋은 물건을 싸게 사면 좋은 점은, 우선 보유하는 내내 마음이 편안하다는 것입니다. 하락의 가능성보다 상승의 가능성이 더 높기 때문입니다. 앞서 나보다 더 비싸게 주고 산 사람이 많다는 것에서 심리적 안정을 얻을 수도 있습니다. 매도할 때는 경쟁력 있는 가격 책정이 가능하기 때문에 수익을 실현하면서도 비교적 내가 원하는 시기에 매도할 수 있다는 장점도 있습니다.

그렇다면 싸게 산다는 것의 기준은 무엇일까요? 어떤 기준이면 예술적인 매수라고 할 수 있을까요?

① 네이버 부동산 가격밴드의 하한가 이하면 예술적인 매수입니다. 네이버 부동산 가격밴드는 현재의 시세, 나와 있는

매물의 가격을 반영하고 있습니다. 이 가격밴드에서 최대한 왼쪽에 위치할수록 싼 가격의 매물입니다.

② 기준 층 매물을 같은 단지의 1층, 탑층 매물보다 싸게 사면 예술적인 매수입니다.

③ 해당 단지의 과거 매매·전세 시세 그래프를 직접 그려 보고 매수 가격이 바닥에 가까우면 예술적인 매수입니다.

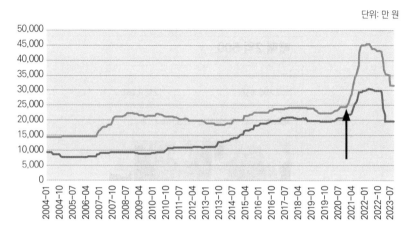

영남아파트(84㎡) 매매·전세 시세

■■■ 매매가   ■■■ 전세가

단위: 만 원

매매·전세 시세 그래프상 2021년 3월 매수 가격인 2억 7,500만 원은 장기간의 바닥 가격(2억~2억 5,000만 원)에 근접하고 있는 안전한 가격임을 확인할 수 있습니다.

④ **비슷한 입지의 경쟁 매물과 가격 차이가 클수록 예술적 매수입니다.** 오른쪽 그림은 대전 서구 월평동 누리아파트(126㎡)와 인천 연수구 연수동 영남아파트(84㎡)의 가격 비교 그래프입니다. 평소 두 단지의 가격 차는 1억 원 정도였지만, 영남아파트 매수 시점인 2021년 3월에는 무려 4억 원 이상 가격이 벌어져 있습니다. 이 정도 가격 차이가 난다면 영남아파트의 가격이 상대적으로 저렴하다고 판단해 볼 수 있습니다.

이런 네 가지 기준에 부합하면 싸게 잘 산 것입니다. 네 가지 기준을 모두 충족한다면 예술 같은 매수이지요.

이미 바닥 가격에서 많이 상승한 물건을 매수해서 위험을 감수하는 것보다 하락 위험이 없어 보이는 물건, 더 떨어지기 어려운 물건을 매수해서 기다리는 것이 좋은 투자입니다.

시장은 늘 내가 뜻하는 대로 움직여 주지 않습니다. 상승할 것으로 기대했지만, 반대로 움직일 수도 있습니다. 따라서 오랜 기간 투자할 생각이라면 높은 단기 수익률에 집착해서는 안 됩니다. 수익률이 다소 낮더라도 꾸준히 승리하는 데, 잃지 않는 투자를 하는 데 초점을 맞춰야 합니다.

그러기 위해서는 매도보다 매수가 더 중요합니다. 좋은 물건을 저렴한 가격으로 매수할 수 있어야 합니다. 매수가 예술, 매도가 기술일 때 우리의 투자는 늘 편할 수 있습니다.

수요공급의 법칙대로 투자하라

'수요공급의 법칙대로 투자하는 게 무슨 남과 다른 길을 가는 청개구리 투자법이냐'라고 생각할지도 모르겠지만, 현실에서는 수요공급의 법칙대로 투자하지 않는 사람이 대부분입니다.

수요·공급과 균형

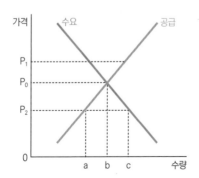

전통적인 경제학 이론에선 쌀 때 사고 비쌀 때 파는 것이 시장에 참여한 합리적인 주체들의 행동 법칙입니다. 이것이 바로 수요공급의 법칙이죠.

P_1, P_0, P_2 중 가격이 가장 싼 P_2일 때 수요(사려는 사람)가 가장 많고 가격이 가장 비싼 P_1일 때 공급(팔려는 사람)이 가장 많다는 것을 확인할 수 있습니다.

수요공급의 법칙

	수요자(사는 사람)	공급자(파는 사람)
가격이 쌀 때	많다.	적다.
가격이 비쌀 때	적다.	많다.

하지만 이런 수요공급의 법칙이 현실 속 부동산 시장에서는 잘 적용되지 않는 것 같습니다. 가격이 매우 비싼데도 못 사서 난리고, 가격이 엄청나게 싸졌는데도 사지 않는 것이죠. 똑같은 물건을 두고도 비쌀 때는 더 사고 싶어 하고 싸지면 사기 싫어하는, 그런 사람들이 존재하는 곳이 부동산 시장입니다.

현실 속 부동산 시장

	수요자(사는 사람)	공급자(파는 사람)
가격이 쌀 때	적다.	많다.
가격이 비쌀 때	많다.	적다.

그럼 이 수요공급의 법칙이 부동산 시장에 적용되지 않는 것처럼 보이는 이유는 무엇 때문일까요?

그것은 부동산 시장이 가진 특수성에 기인하는 바도 있겠으나 그보다는 사람들의 심리, 특히 욕심이라는 것이 시장에 작용하기 때문입니다.

매수한 가격보다 훨씬 더 많이 올랐음에도 불구하고 팔지 못하는 이유는 (팔지 못하게 만드는 정부의 규제 탓도 있겠지만) 더 오르면 팔고 싶은 욕심이 기저에 깔려 있기 때문입니다. 조금만 더, 조금만 더 올려 받아야지 하는 마음이 계속 매도 희망가를 높이기 때문에 비싸질수록 더욱 팔지 못하게 되는 것입니다.

부동산 시장에도 수요공급의 법칙은 당연히 적용됩니다. 다만 사람들의 심리와 욕심으로 인해 그 법칙이 왜곡되고 있다고 보는 것이 정확한 표현입니다. 우리가 대중과 다른 길을 가는 청개구리 투자자가 되려면 수요공급의 법칙대로 투자해 나가야 합니다.

요즘 전통시장에 가면 대파 한 단을 2,000원 정도에 살 수 있습니다. 하지만 한때 대파 한 단이 6,000원까지 올랐던 적이 있었습니다.

대파가 이렇게 비싸지면 사 먹지 않으면 됩니다. 대파 며칠 못 먹는다고 큰일 나지 않습니다. 얼마 지나 다시 대파가 싸지면 그때 사서 마음껏 먹으면 됩니다.

이게 일반적인 시장에서의 수요공급 법칙이 적용되는 예입니다. 상식에 입각해서 행동하는 보통의 사람이라면 모두 그렇게 행동할 것입니다. 비싸면 사지 않습니다. 그런데 비싼 대파는 사 먹지 않으면서 부동산은 비쌀수록 더 산다? 이것은 경제학 이론에 맞지 않는 것입니다.

'비싸면 사지 않는다, 반대로 싸면 산다'라는 수요공급의 법칙을 우리는 부동산 시장에서도 그대로 적용할 수 있어야 합니다. 부동산 시장에서도 수요공급의 법칙대로 행동해야 합니다. 이 수요공급의 법칙을 무시하고 지난 상승장에서 반대로 했던 사람들은 지금 많은 고통을 받고 있습니다. 모두 경제학 이론을 무시한 결과입니다.

상승장에서 수요공급의 법칙대로 행동하는 것이 남들에겐 바보 같아 보일 수 있습니다. 더 오를 것이 뻔히 보이는데 매도를 하고 있으니 그럴 수밖에요. 하지만 당초 생각한 목표가에 도달했거나 단기간에 급격히 상승했다면, 더 오를 게 뻔히 보여도 과감히 매도하는 것이 수요공급의 법칙대로 행동하는 투자자입니다.

매매 실거래가		2023.01. 국토교통부 기준
계약월	매매가	
2022.12.	6억 3,000(10일,15층)	
2022.11.	6억 4,000(30일,9층) 계약취소	6억 4,000(30일,9층)
2022.08.	6억 9,500(22일,8층)	
2022.05.	7억 1,000(7일,5층)	
2022.02.	7억 2,000(21일,6층)	
2021.11.	7억 7,500(22일,25층)	
2021.10.	8억(1일,12층)	
2021.09.	8억 4,600(28일,25층)	7억 9,500(25일,21층)
2021.08.	8억(26일,17층)	
2021.06.	7억 6,000(26일,10층)	
2020.10.	7억(24일,9층)	7억 6,000(20일,19층)
2020.09.	6억 9,300(13일,7층)	
2020.06.	6억 1,500(10일,7층)	

과거 지방 한 도시에서 제가 매도했던 물건입니다.

저는 이 물건을 4억 원 초반에 매수했습니다. 투자금은 2억 원 정도 들었고요. 매수할 때부터 목표가를 7억 원으로 정했습니다. 양도세

7,000만~8,000만 원을 내면 투자금과 동일한 수익금을 손에 쥘 수 있을 것으로 생각했기 때문입니다.

2020년 가을 7억 원에 도달했기에 과감히 팔았습니다. 1원 한 푼 깎아 주지 않았습니다. 제가 내놓은 가격이 당시 시장에서 최저가였기 때문입니다. 내놓은 지 1주일 만에 팔렸습니다.

같은 달에 19층이 7억 6,000만 원에 팔렸습니다. 저는 6,000만 원이나 싸게 팔았습니다. 누가 보면 바보 같다고 했을 것입니다. 2,000만~3,000만 원 더 올려 받았어도 팔렸을 수 있을 테니까요.

그럼에도 7억 원에 과감히 매도한 것은, 비싸졌기 때문입니다. 다른 이유는 없습니다 4억 초반 하던 물건이 단기간에 3억 넘게 올랐으니 제 기준에선 많이 오른 것이라고 생각했습니다.

비싸지면 매도하고, 반대로 싸면 매수합니다. 그것이 원칙을 지키는 투자자입니다.

서울 강북권의 재건축 추진 아파트의 시세 흐름입니다. 최고점 6억 1,800만 원 대비 35% 정도 하락해 있습니다. 서울이지만 아직 바닥권에 머물러 있는 것이죠. 이런 단지의 물건 가격을 조금 더 네고하여 3억 8,000만 원 정도에 매수한다면 어떨까요?

그 정도 가격으로 싸게 매수할 수 있다면 비록 하락장이어도 안전한 투자가 될 수 있을 것 같습니다. 설사 추가적으로 하락해도 그 폭은 크지 않을 것입니다. 결국 남이 매수하지 않을 때, 고점 대비 충분히 하락하여 누가 봐도 싸다고 할 수 있을 때 매수한다면 수익을 극대화할 수 있습니다. 이것이 바로 수요공급의 법칙을 지키는, 청개구리 투자법이라고 할 수 있겠습니다.

투자는 수요공급의 법칙만 지켜도 실패하지 않습니다. 오히려 꾸준히 성공할 수 있습니다. 앞으로 수요공급의 법칙을 지키는 투자를 해 나가려면, 특히 지금과 같은 하락장 내지는 서서히 바닥을 다지고 있는 회복 구간에서 투자 공부를 열심히 해야 합니다.

상승기 불장일 때는 공부를 하면 안 됩니다. 그때 공부하면 늦기 때문입니다. 상승기 불장일 땐 빨리 투자해서 돈을 벌어야지, 그제야 책 읽고 공부하고 스터디 모임하고 한가롭게 임장 다닐 시간이 없습니다. 공부는 하락장일 때 해야 합니다. 하락장일 때 충분히 공부해 두면 누구보다 빨리 상승장의 길목을 지키고 서 있을 수 있습니다.

부동산 시장은 심리에 많이 좌우되는 시장입니다. 이 심리를 잘 이용해야 합니다. 그 방법은 다른 게 없습니다. 대중과 반대로만 하면 됩니다. **대중들이 수요공급의 법칙을 잊고 시장 분위기에 매몰될 때, 우리는**

수요공급의 법칙을 기억하고 냉정하게 시장을 보면 됩니다. 그렇다면 늘 승리하는 투자자가 될 수 있습니다.

상반기 1채, 하반기 1채 투자가
좋은 이유

10년 넘게 부동산 투자를 해 오면서 느끼는 것은, 언제고 투자가 쉬웠던 적은 단 한 번도 없었다는 점입니다. 돌이켜보면 서울을 비롯한 수도권에 투자하기 너무 좋았던 2017년, 2018년에도 저는 결정이 어려웠습니다. 투자를 불편하게 하는 제약 사항은 당시 시장에도 존재하고 있었기 때문입니다.

그동안 제가 해 온 투자는 제약 사항을 하나하나 돌파해 가는 과정이었습니다. 그리고 제약 사항을 돌파하기 위해, 끝까지 놓치지 않고 견지했던 기준은 안전하고 확실한 투자였습니다. 언제나 좋은 물건을 싸게 사려고 애썼습니다. 좋은 물건이라고 해서 꼭 비싼 물건을 의미하는 것은 아닙니다. 사람들이 선호하는 입지의 단지를 정하고, 그 단지의 가격이 과거 가격 대비 그리고 경쟁 단지 가격 대비 저렴한지 파악해서 확실한 안전 마진이 있다고 판단되면 그때만 매수했습니다.

저만의 안전하고 확실한 투자의 대표적인 기준은 바로 상반기 1채 투자, 하반기 1채 투자입니다.

저는 아무리 투자하기 좋은 환경이어도 1년에 1채 내지 2채 정도만 매수합니다. 어떤 지역의 흐름이 좋다고 해서 있는 돈 없는 돈 다 끌어모아 한 단지에 나온 물건 수 채를 동시에 매수하는 일은 절대 없습니다.

반대로 아무리 투자하기 좋지 않은 환경이어도 1년에 1채 내지 2채 정도는 매수합니다. 시장 상황이 조금 어렵다고 해서 시장을 버리고 도망가지 않습니다. 시장에 꾸준히 참여해야 감을 잃지 않고, 흐름을 알아야 미래를 대비할 수 있기 때문입니다.

이 상반기 1채 투자, 하반기 1채 투자 기준이 왜 좋은지 제가 생각하는 장점 세 가지를 말해 보겠습니다.

첫 번째는 저 같은 직장인에게 가장 적합한 투자 기준이기 때문입니다.

회사원인 투자자는 회사 일과 투자 사이에서 늘 적당한 균형을 유지해야 합니다. 둘 다 놓칠 수 없기 때문입니다. 회사를 그만두고 전업 투자자를 꿈꾸는 분도 많겠지만, 저는 가급적 병행하기를 권하고 싶습니다.

회사에서 받는 월급은 그 액수의 많고 적음을 떠나 일상을 계획할 수 있게 해 준다는 데 큰 가치가 있습니다. 안정적으로 미래를 설계할 수 있는 것은 모두 월급이 있기 때문입니다. 또한 회사가 있기에 나의 신용이 만들어집니다. 은행이 대출해 주는 것은 내가 잘생겨서가 아니라 내 뒤에 있는 회사를 보고 해 주는 것입니다. 투자를 해 나가는 데 이런 월급과 신용은 든든한 뒷배가 됩니다.

이처럼 회사 일과 투자를 동시에 균형 있게 잘 이끌고 나가는 것은 우리가 지향해야 할 모습입니다. 상반기 1채, 하반기 1채 투자는 이러한 방향에 부합하는 투자 기준입니다. 투자가 아무리 좋아도, 투자 환경이 아무리 좋아도, 1년에 10채씩 투자하면 안 됩니다. 그렇게 많은 채를 동시에 매수하면 회사 일에 집중할 수 없습니다. 중간중간 돌아오는 전·월세 관리가 보통 일이 아니기 때문입니다. 필연적으로 회사 일에 지장을 주면서 투자를 해 나갈 수밖에 없습니다. 이는 적당한 수준을 넘어서 버리는 것입니다. 투자 쪽으로 너무 치우쳐진 것입니다.

회사 일과 투자 모두에서 각각의 장점만을 취하자면 상반기 1채, 하반기 1채 투자가 가장 좋습니다.

두 번째는 조급증을 버리고 엄선된 좋은 투자만을 할 수 있기 때문입니다.

상반기 1채, 하반기 1채 투자 기준을 실천하기 위해 저는 늘 아래와 같은 말을 마음속으로 되뇝니다.

'그래, 이번 상반기 내가 투자할 수 있는 물건은 딱 하나야. 두 개도 아니고 세 개도 아니고 딱 하나! 어차피 투자금도 얼마 없어. 그래서 여러 개 하려도 해도 못해. 그러니 가진 돈으로 해 볼 수 있는 가장 좋은 명품 투자를 해 보자.'

그런 명품 투자 하나를 6개월 내내 찾는 것입니다. 가진 돈의 범위 내에서 할 수 있는 최고의 투자, 그 하나를 위해서요. 그러기에 6개월이라는 시간은 충분합니다. 적당히 여유 있으면서 다양한 지역의 여러 물건을 자세히 비교하고 협상해 볼 수 있는 기간입니다.

짧은 기간 안에 뭐라도 하지 않으면 안 될 거 같은 조급함을 안고 시장에 뛰어들면, 필시 충분한 비교의 절차는 생략되기 마련입니다. 일단 가진 돈에서 살 수 있는 물건 중에 적당한 것을 그냥 매수해 버리고 말지요. 그러고서 뒤늦게 후회합니다. 막상 매수하고 봤더니 단점만 보인다면서, 너무 성급하게 매수한 것 같다면서 말이죠. 이런 생각을 한 번이라도 해 봤다면, 그 투자의 과정을 천천히 복기해 보세요. 시간 여유를 충분히 갖고 비교하고 또 비교해서 매수한 물건인지 아닌지를 말이죠.

시간 여유를 갖고 충분히 비교하고 협상해서 가장 만족스러운 물건에 투자하면, 그 물건이 그렇게 예뻐 보일 수 없습니다. 물건에 대한 확신도 생기고, 안 오를까 봐 걱정되는 불안함 같은 것도 없습니다. 시작부터 안전 마진을 확보했을 것이 분명하고, 결과적으로는 좋은 수익을 보장해 줄 것입니다.

이처럼 상반기 1채, 하반기 1채 기준은 투자를 명품으로 만들어 줍니다. 5억 정도는 가지고 투자해야 그 투자가 명품이 되는 것이 아닙니다. 비록 3,000만 원뿐인 투자라도 애초에 수익을 확정 짓고 시작하는, 그래서 보유 기간 내내 불안하지 않은, 누구에게나 자랑할 수 있고 인정받을 수 있는, 그런 투자가 바로 명품 투자입니다.

명품 투자가 되려면 매물 탐색을 위한 충분한 시간과 지루한 협상 과정에 여유를 두는 마음이 필요합니다. 그래야 진짜 좋은 물건을 내 것으로 만들 수 있습니다. 급하게 해서는 절대 명품 투자가 만들어질 수 없습니다. 상반기 1채, 하반기 1채 투자로 여러분의 투자를 명품 투자로 만들어 보세요.

세 번째는 집중투자를 피하고 분산투자를 유도하기 때문입니다.

물론 부동산 상승기에는 집중투자가 자산의 크기를 빨리 키우는 방법이 될 수 있습니다. 한 지역에서 네다섯 개의 물건을 한꺼번에 매수하는 분들도 그런 목적일 것입니다. 애초에 저는 늘 투자금이 부족하기에 그렇게 한꺼번에 여러 채를 매수할 수 있는 여력이 안 되기도 하지만, 설사 그런 여력이 된다고 해도 절대 집중투자는 하지 않습니다.

집중투자로 자산을 좀 더 빨리 키우려는 마음이 없는 것은 아니지만, 그보다는 자산을 잃지나 않을까 염려하고 조심하는 마음이 더 크기 때문입니다. 투자 물건이 한 지역에 집중되어 있으면 상승기에 자산의 크기가 빨리 커지는 것과는 반대로, 하락기에는 자산의 크기가 더 빨리 줄어드는 효과가 발생하기 때문입니다.

지금 분위기가 좋다고 해서 영원히 좋을 수는 없습니다. 언제라도 분위기는 바뀔 수 있다는 점을 염두에 둔다면 어떤 지역이든 좋은 물건 하나로 충분합니다. 한 지역에 투자했으면 그 지역은 잊고 또 새로운 지역을 공부하고 투자하여 자산을 분산시켜야 하는 것입니다.

이를 가능하게 해 주는 것이 상반기 1채, 하반기 1채 투자입니다. 상반기에는 현재 가장 투자하기 좋은 지역에 투자하면 되는 것이고, 하반기에는 상반기 투자 지역을 제외하고 현재 가장 투자하기 좋은 지역에 투자하면 자연스레 분산투자가 되는 것입니다.

본인이 잘 아는 곳만 투자한다든가, 시기가 좋을 때 집중투자를 하는 것은 일종의 편식입니다. 아무리 몸에 좋은 음식이더라도 과하면 탈이 납니다. 음식을 골고루 섭취하면 몸에 좋듯이 우리의 투자도 그러해야 합니다.

누군가는 물 들어올 때 힘껏 노를 저어야 하는 것 아니냐고 반문할 수도 있습니다. 맞습니다. 기본적으로 물 들어올 때 노 저어야 한다는 데 당연히 동의합니다. 하지만 노도 적당히 저어야 합니다. 적당히 뱃놀이를 즐기고 다시 항구로 돌아가야 합니다. 신나서 아무런 생각과 방향 없이 노만 젓다가는 나도 모르는 사이 망망대해에 나가 있게 됩니다. 다시 항구로 돌아오기엔 배가 너무 멀리 나가 버린 것이죠.

분산투자는 결국 적당함을 유지하는 것입니다. 욕심을 내려놓는 것이기도 하고요. 잃지 않는 투자를 위한 것입니다. 적당함을 지킬 때 투자는 오랜 시간을 함께할 수 있는 벗이 될 수 있습니다. 반대로 적당함을 무시할 때 투자는 처음에는 친구 같아도 결국엔 원수가 됩니다.

상반기 1채 투자, 하반기 1채 투자로도 경제적 여유를 달성하기에 충분합니다. 투자의 횟수는 중요하지 않습니다. 얼마나 질이 좋은지가 더 중요합니다. 조급한 마음을 조금 내려놓고 훗날 큰 나무로 성장할 겨자씨 한 알이 무엇일지 천천히 찾아보길 바랍니다.

당당한 아웃사이더 투자자가 되자

———

요즘 아이돌 그룹을 보면 멤버 모두가 함께 활동하다가도 그 활동이 끝나면 혼자 따로 각자의 영역에 도전하는 모습을 자주 볼 수 있습니다. 때로는 함께 때로는 혼자인 것인데, 개인적으로는 이상적인 관계라고 생각합니다.

아무리 가족이나 친구가 좋고 친해도 24시간 내내 늘 붙어 다니는 것은 좋지 않습니다. 하늘을 날게 해 줄 날개 같은 사람이라도 너무 가까우면 곧 무거워져 나의 자유로운 비행을 도리어 방해하기 때문입니다.

함께 어울려서 해야 하는 일은 함께하고, 혼자 할 수 있는 일은 혼자 해야 합니다. 늘 적당한 거리를 유지하는 것이 좋습니다.

저는 블로그로 많은 사람과 소통하지만, 부동산 투자는 오롯이 혼자 외롭게 합니다. 블로그의 본질은 결국 이야기입니다. 이야기는 혼자 나

눌 수 없습니다. 반드시 상대방이 필요합니다. 블로그에서는 소통이 중요한 가치입니다. 하지만 투자는 그렇지 않습니다.

투자처를 찾은 것은 남이 대신 해 줄 수 없습니다. 내가 직접 해야 할 일입니다. 저는 임장도 가급적 혼자 다닙니다. 같이 다니다가 너무나 매력적인 물건을 발견하면 어떻게 하나요? 아쉽지만 동료에게 양보할 건가요? 저는 그럴 자신이 없습니다. 저는 투자자이기 때문입니다.

혼자 다니면서 혼자 투자해야 마음이 홀가분합니다. 남 눈치 볼 것도 없고 경쟁할 일도 없으니, 마음이 부담스럽지 않습니다. 자유로워 좋습니다.

저는 부동산 투자에 있어서는 무리에 끼지 못하는 외톨이, 아웃사이더 투자자입니다. 하지만 이게 좋습니다. 무리에 못 끼는 것이 아니고 안 끼는 것입니다. 무리에 끼지 않는다고 해서 외롭거나 두렵지는 않습니다. 어차피 투자의 세계에선 혼자일 수밖에 없습니다. 오히려 다른 누군가에게 기대고 의지하려는 생각은 위험합니다. 나 이외의 어느 누구도 내 투자를 책임져 주지 않기 때문입니다.

투자자에겐 혼자의 시간이 꼭 필요합니다. 다양한 관계에 집착하기보다는 자신에게 집중하는 시간, 그런 시간을 확보해야 나를 더 깊게 읽고 어지러운 마음을 정돈할 수 있습니다. 그래야 투자를 해 나가는 과정에서 마주치는 여러 선택과 고민의 답을 찾고, 그 답에 확신할 수 있게 됩니다. 확신해야 과감히 행동으로 옮길 수가 있는 것이고요.

혼자 있는 시간에 그동안 잘 풀리지 않던 일의 해결책을 찾을 수도 있습니다. 번뜩이는 아이디어가 떠오를 때도 있지요. 일이 꼬이고 잘 풀리지 않는 것은 쓸데없이 돌아다니면서 소모적이고 번잡스러운 관계를 맺기 때문입니다.

인간은 사회적 동물이니 사람과의 관계를 모두 끊어 내는 것은 불가능하겠지만, 적어도 스스로 통제할 수 있어야 합니다. 함께해야 할 때는 함께 하더라도, 때로는 관계를 멀리하고 오롯이 혼자인 시간을 통해 스스로 성찰하는 시간이 반드시 필요합니다.

론리lonely와 얼론alone은 비슷한 의미처럼 보이지만, 사실은 정반대의 의미입니다. lonely는 '쓸쓸한, 외로움'을 의미하지만, alone은 '단독으로, 혼자의 힘으로'라는 의미입니다. alone은 all one, 즉 '완전한 하나'를 뜻합니다. 부동산 투자자는 alone이어야 합니다.

> 산중에 혼자 지내면서도 기가 죽지 않고 나날이 새로워지는 것은 무엇인가? 내 뒤에서 내 자신을 받쳐 주기 때문이다. 그렇다면 내 둘레에 무엇이 있는가? 몇 권의 책이 있었다.

법정 스님의 말입니다. **제가 외톨이 아웃사이더 투자자여도 외롭지 않은 것은 저 또한 늘 책과 함께하고 있기 때문입니다.** 책은 혼자 읽는 것이지만, 혼자 있는 것은 아닙니다. 저자와 함께 있습니다. 저자와 투자에 관해 대화를 나눕니다. 책에 대한 나의 의견을 제시하고 궁금한 것은 질문하면서 저자와 대화를 주고받습니다. 그러니 외롭지 않습니다.

사람들은 정보가 있어야 투자를 잘할 수 있다고 생각합니다. 그래서 수많은 투자 단톡방이나 밴드에 가입하고, 유튜브를 구독하고, 여러 사람과 어울려야 한다고 생각합니다. 혹시라도 나만 유용한 정보를 놓치는 게 아닌가 싶어 참여하는 채널이나 모임을 하나둘 늘리기 시작하다 결국에는 다 챙길 수 없을 정도가 되기 일쑤입니다.

인간이 물건에 대해 갖는 집착 가운데 가장 강력한 것은 정보에 대한 집착입니다. 하지만 세상의 수많은 정보를 모두 수집하는 일은 불가능합니다. 중요한 것은 정보의 양이 절대 아닙니다. 지금처럼 정보가 가감 없이 유통되는 사회에서 나만 또는 소수만 알고 있는 고급 정보는 없습니다. 투자에 유익하다는 정보를 혹시 내가 들었다면 이미 다른 사람들은 그것을 이용하고 있다고 생각해야 합니다.

늘 우리는 정보를 소비하기만 했지 직접 정보를 생산해야겠다는 생각은 잘 하지 못합니다. **진짜 고급 정보는 누가 나에게 제공해 주는 것이 아니라 내가 직접 만들어야 합니다.** 수집된 정보에 담긴 뜻과 의미를 파악하고 여러 정보를 다양하게 융합해서 새로운 가치를 담은 정보를 내가 만들어 내면 그것이 바로 고급 정보인 것입니다.

그럼 이런 진짜 고급정보를 만들어 내려면 어떻게 해야 할까요? 이것 또한 독서에 답이 있습니다.

수많은 정보에 그저 반응하고 끌려다니지 않고 주도적으로 선별하고 가공하고 융합해서 의미를 찾고 새로운 가치를 부여하기 위해서는 반드시 통찰력이 필요하고, 그런 통찰력을 갖추기 위한 최선의 방법은 독서이기 때문입니다.

독서의 가장 큰 장점은 우리의 머리를 자극한다는 데 있습니다. 그동안 해 왔던 생각을 다른 방향으로 전환하고 능동적인 지적 활동으로 새로운 아이디어를 찾는 일을 돕습니다. 통찰력은 몰입을 통해 만들어집니다. 책을 읽는 그 순간만큼은 책의 주제를 깊이 생각하게 됩니다. 한 주제를 깊이 있게 생각하는 시간이 투자되어야만 그 분야에 대한 통찰력을 갖출 수 있는 것입니다.

단톡방, 밴드, 유튜브를 통해 매일 전해지는 정보는 단편적입니다. 머물지 않고 흘러가는 정보입니다. 남도 다 아는 정보만을 갖고 투자 시장에 뛰어들어 성공할 수 있을까요? 진정한 정보를 가진 누군가에게 반드시 패배하게 되어 있습니다. 진짜 정보 없이는 투자에서의 성공도, 부를 창출해 내는 것도 불가능합니다.

10년 정도 투자를 해 오고 있지만 저는 지금도 가입하고 있는 단톡방, 밴드가 없습니다. 특별히 구독하는 유튜브 채널도 없습니다. 그런 것 없이도 나름 투자를 잘해 왔습니다. 저에게는 책이 있었기 때문입니다. 잘 모르고 궁금한 것이 있으면 서점으로 달려갔습니다. 직면하고 있는 문제에 대한 해답을 책에서 찾으려고 노력했습니다.

제가 남과 다른 청개구리 투자자가 될 수 있었던 것도 책 덕분이었습니다. 책에서 찾은 해법을 마음속에 깊이 새기고, 남들이 현금을 쓰레기라고 놀릴 때 저는 대출을 갚고 현금을 모았습니다. 남들이 인구 10만도 안 되는 지역에 투자한다고 몰려갈 때 저는 못 먹었으면 못 먹었지 그런 데엔 투자할 수 없다고 하였고요. 또 남들이 지식산업센터, 생활형 숙박 시설, 구축 빌라에 투자할 때 저는 제가 제일 잘 아는 아파트 갭투자만 했습니다. 남들이 투자금에 욕심낼 때 저는 가격, 안전 마진에 더 욕심을 냈습니다.

저는 지금도 매달 3~4권의 책을 읽습니다. 특별히 시간을 내지는 않습니다. 출퇴근 시간 지하철 속에서, 점심을 조금 일찍 먹고 남은 자투리 시간에, 잠들기 전 침대 맡에서 읽는 게 전부입니다. 그렇게 하루에

50~70쪽쯤 책을 읽으면 매주 1권 정도 무리 없이 보게 됩니다. 누구에게나 그 정도의 시간은 있습니다. 책 읽을 시간이 없다고 핑계 댈 순 없다는 것이지요. 단톡방, 밴드, 유튜브를 이기는 유일한 방법은 독서입니다. 만약 저에게 어떤 예측력이 있다면, 그것은 모두 독서의 힘입니다.

책을 읽은 후엔 혼자 밖으로 나가 걷습니다. 집 앞 한강변을 걷기도 하고 얕은 뒷산을 산책 삼아 오르기도 합니다. 걷기는 몸을 움직이는 간단한 행위이면서도 풍성한 사색의 원천입니다. 독서를 통해 습득한 지식이 내 머릿속에 정착되는 내재화의 시간입니다.

화두를 던져 놓고 한참을 걷다 보면 관련한 여러 생각이 줄줄이 떠오릅니다. 투자에 관한 아이디어, 구독지의 주제와 서비스, 마케팅, 사업 등에 대한 좋은 생각이 어김없이 이어져 나오는 경험을 하게 됩니다. 겉으로는 혼자 걷는 한가로운 사람으로 보이지만, 제 머릿속은 그렇지 않습니다. 제가 던진 화두와 수많은 대화가 오가는 비밀스럽고 분주한 공간입니다.

앞으로 오랜 기간 동안 주도적인 위치에서 부동산 투자를 해 나가기 위해서는 정보의 수동적인 소비자보다는 능동적인 창작자가 되어야 합니다. 능동적 창작 행위가 사실 더 재밌습니다. 그리고 능동적 창작 행위를 통해 우리는 더 성장할 수 있고요. 조금이라도 더 정보를 얻기 위해 검색에 쏟는 노력과 시간을 스스로 정보를 만들어 내기 위한 사색의 시간으로 전환해야 합니다.

비록 남들은 저를 아웃사이더 투자자로 볼지 모르지만, 이는 저의 자발적인 선택의 결과입니다. 저에게는 책과 저자, 그리고 걷기라는 친구가 늘 같이 있습니다. 그래서 외롭지 않습니다. 투자를 해 나가는 데 있어 조금도 부족함이 없습니다. 저의 성장을 돕는 것은 번잡한 관계가 아니라 책과 사색입니다. 저에게는 이것이 투자와 일상을 당당하게 유지할 수 있게 하는 소중한 기둥입니다.

청개구리 투자자가 기억해야 할
부동산 투자 십계명

사람들은 대중이 가는 방향으로 따라갈 때 심리적인 안정감을 느낍니다. 그 길이 안전하다고 생각하기 때문입니다. 또 크게 고민하지 않고 선택할 수 있어서 편하기도 하고요. 하지만 대중이 가는 길에는 다음과 같은 두 가지의 문제가 있을 수 있습니다. 첫째는, 대중이 가는 길이 잘못된 방향일 수 있다는 것입니다. 둘째는, 대중과 함께 가는 길은 경쟁이 치열하기 때문에 내게 주어지는 기회가 적다는 것입니다. 따라서 우리는 대중이 가는 방향을 객관적인 관점으로 지켜보되, 무조건 그 흐름에 편승하기보다는 자신의 판단력으로 나만의 길을 만들 수 있어야 합니다.

어떤 분야에서든 우수한 업적과 성과를 낸 이들은 대부분 대중이 선택한 길을 포기한 사람들이었습니다. 남다른 길을 선택해서 남다른 방식으로 시도한 사람들이었습니다. 그래서 결국 남다른 삶을 살 수 있게 된 것입니다. 투자 또한 마찬가지입니다. 대중에 무조건 편승하지 않을 수 있는 자신만의 기준이 있어야 합니다. 저는 이를 '옥동자의 청개구리 투자법'이라 명명하고, 앞서 하나씩 설명해 보았습니다.

우리는 대중과 떨어진 외딴 길을 혼자서도 당당하고 자신 있게 걸어갈 수 있는 청개구리 투자자가 되어야 합니다. 이제 청개구리 투자자가 꼭 기억해야 할 내용을 부동산 투자 십계명으로 정리해 보겠습니다.

1. 영끌 하지 말 것

사실 영끌 자체는 아무런 문제가 없습니다. 어떤 시기, 어떤 물건에 영끌해서 투자했느냐가 문제입니다. 시장 흐름에 뒤늦게 편승해서 오를 대로 오른 물건에 조달 가능한 현금과 대출 모두 남김없이 다 쏟아부었다면, 그 투자는 문제 있는 영끌 투자입니다.

달걀은 한 바구니에 담으면 안 됩니다. 물론 투자의 대가 워런 버핏은 여러 종목에 적은 금액을 투자하기보다 소수 유망 종목에 볼륨 있는 규모의 금액을 투자해서 큰 부를 일궜지만, 그것은 워런 버핏이기 때문에 가능한 일이었습니다. 워런 버핏과 똑같은 투자 기법으로 돈을 벌 수 있다고 생각하는 것은 창업하면 스티브 잡스처럼 될 수 있다고 말하는 것과 다를 바 없습니다. 우리의 투자는 철저한 분산투자여야 하고, 가용할 수 있는 모든 자금을 하나의 물건을 사는 데 투자해선 안 됩니다.

2. 1년에 1~2채 투자면 충분하다

회사에 다니는 근로소득자들은 1년에 1~2채 투자가 적당합니다. 1년에 1~2채 투자하는 정도면 투자가 회사 일을, 또 회사 일이 투자를 방해하지 않습니다. 서로 양립할 수 있습니다.

급여의 절반을 저축하고, 이것이 12번 모이면 그 자금에 맞춰 부동산에 투자하는 것입니다. 12번 저축으로 자금이 부족하다면 18번, 24번도 좋습니다. 별도의 대출 없이, 저축 범위 내에서 투자하는 것이기 때문에 무리가 되지 않습니다.

1년에 1~2채 투자하는 것은 투자 하나하나에 정성을 쏟을 수 있다는 장점이 있습니다. 시간 여유가 있기 때문에 따질 것은 따지고 비교할 것은 비교할 수 있죠. 그만큼 엄선해서 고른 것이기 때문에 시작부터 수익을 확정하는 좋은 투자가 될 가능성이 큽니다.

1년 동안 투자 기준에 부합하는 물건 한두 개만 찾으면 되기에 조급할 필요가 없습니다. 저는 늘 투자하기에 앞서 자신에게 묻습니다. 과연 이 투자가 올해 내가 할 수 있는 투자 중 가장 좋은 투자라고 확실히 말할 수 있을까? 자신 있게 "예스"라고 답할 수 있을 때만 투자합니다.

3. 상승장에서는 바닥 가격 2배, 하락장에서는 최고가 대비 30%가 기준

흔히들 매수는 기술, 매도는 예술이라고 하지만 저는 반대입니다. 늘 매수를 예술적으로 하려고 노력합니다. 좋은 가격으로 매수해 두면 매도는 상대적으로 쉽습니다. 싸게 샀으니 조금 싸게 내놓으면 목표 수익률을 달성하면서도 쉬운 매도가 됩니다. 따라서 싸게 사지 못할 거면 차라리 투자하지 않는 편이 더 낫습니다. 무조건 싸게 사야 마음 편한 투자를 할 수 있습니다.

상승장에서는 바닥 가격 2배 정도를 최대치로 둡니다. 바닥 가격에서 이미

200% 이상 상승했거나 2배에 가까워졌으면 매수를 포기합니다. 설사 더 오르더라도 그건 내 몫이 아니라고 생각합니다. 하락장에서는 최고가 대비 30% 이상 하락하면 매수를 검토합니다. 30% 이상 하락하지 않으면 투자하지 않습니다. 30% 이상 하락이라는 기준 없이 섣불리 하락장에 덤벼들면, 바닥인 줄 알고 샀는데 지하층을 확인할 수도 있습니다.

4. 매도의 2가지 기준을 기억하라

매수의 기준이 있다면 매도의 기준도 있습니다. 첫째는 투자금 대비 100% 이상 수익이 났을 때이고, 둘째는 더 좋은 투자처를 발견했을 때입니다. 둘 중 하나만 충족하면 저는 과감히 매도합니다. 좌고우면할 것 없이 기계적으로 매도해 버립니다.

그렇지 않으면 우물쭈물하는 사이 매도의 기회를 놓칩니다. 시장은 매수자에게 훨씬 유리합니다. 매수는 돈만 있으면 언제든 내가 원하는 시기에 할 수 있지만, 매도는 그렇지 않습니다. 내 물건을 사 줄 누군가가 나타나야 하는데, 그 기회가 자주 찾아오지 않기 때문입니다. 조금 더 올려 팔겠다는 욕심에 사로잡혀 매도 타이밍을 놓치는 바람에 장기간 자금이 묶이는 일이 비일비재합니다. 뒤늦게 후회해 봐야 아무런 소용이 없습니다. 조금 아쉬움이 든다 싶을 때, 매수하겠다는 사람이 나타났을 때 매도해야 합니다.

5. 투자금 욕심을 버리고 매수가에 더 욕심내라

보통 갭투자자들은 투자금을 중요하게 생각합니다. 최소한의 투자금으로 매수해서 수익률을 극대화하려고 하죠. 레버리지를 잘 활용하는 투자자가 투자를 잘하는 투자자로 인정받습니다. 하지만 저는 투자금에 대한 욕심을 과감히 버리라고 말씀드립니다. 투자금보다 더 중요한 것은 매수가입니다. 설사 투자금이 좀 더 들어가더라도 싸게 매수하는 것이 더 안전하고, 결국 수익을 보장해 주는 투자가 되기 때문입니다.

지금 하락장에서 고생하는 분의 상당수는 투자금에 욕심낸 사람들입니다. 매매가에 근접하는 가격에 전세를 놓고 투자하다 금리 인상으로 역전세를 맞은 것입니다. 매매가가 전세가 이하로 떨어지면서 깡통주택이 되어 버린 것이죠. 기본적으로 갭투자는 전세금을 활용하는 투자이지만, 전세금을 내 돈이라고 생각해선 안 됩니다. 결국 돌려줘야 하는 남의 돈이라는 점을 절대 잊어서는 안 됩니다. 적당히 활용하지 않고 온전히 전세금에만 의지하는 갭투자는 조심해야 합니다.

6. 구축 투자 시에는 경쟁력을 생각하라

오래된 구축 아파트에 투자할 때는 해당 아파트가 가진 경쟁력 요소가 무엇인지 꼭 생각해 봐야 합니다. 아무런 경쟁력 요소가 없는 구축 아파트는 연식을 더해 가면 더해 갈수록 노후화로 인한 시장의 외면을 받게 됩니다. 가치가 없는 아파트로 전락할 수 있습니다. 반대로 오래되었어도 보유한 경쟁력 요소가 확실하면 언제나 시장과 사람들의 선택을 받을 수 있습니다.

제가 생각하는 구축 아파트의 경쟁력 요소는 높은 대지지분, 재건축/리모델링 사업 추진, 초역세권, 우수한 학군 등입니다. 이런 경쟁력을 지닌 구축 아파트라면 투자해도 좋습니다. 아무런 경쟁력이 없는 구축 아파트를 그저 가격이 싸다는 이유로 매수했다가는 훗날 처치 곤란한 물건에 두고두고 발목이 잡힐 수 있음을 유념해야 합니다.

7. 입지보다는 가격이다

아무리 입지가 좋은 강남이어도 바닥 가격 대비 2배 이상 상승했으면, 투자에 조심해야 합니다. 좋은 게 더 좋아지는 양극화 시대라는 점을 고려해도 많이 오른 것에 접근할 때는 신중해야 합니다. 오를 때 많이 오른 것은 반대로 떨어질 때도 많이 떨어지기 때문입니다.

부동산 투자의 원리는 사야 할 때 사고, 사지 말아야 할 때 사지 말고, 팔아야 할 때 팔고, 팔지 말아야 할 때 팔지 않는 것입니다. 그러면 누구나 다 잘할수 있습니다. 아무리 뜨거운 분위기의 상승장 한가운데라고 하더라도 가격이 2배 이상 올랐다면 사지 말아야 할 때이고, 사지 말아야 할 때는 사지 말아야합니다. 반대로 하락장에서 고점 대비 30% 이상 하락했다면 사야 할 때이고, 사야 할 때는 사야 합니다.

8. 갭투자 하나라도 잘해라

투자는 철인 3종 경기가 아닙니다. 철인 3종 경기는 세 종목을 모두 잘해야 우승할 수 있지만, 투자는 자신 있는 한 종목만 잘해도 충분합니다. 저는 주로 아파트 갭투자만 합니다. 가장 예측 가능하고, 분석이 쉬우며 간단하기 때문입니다. 갭투자 하나만 잘해도 투자 수익을 내는 데 아무런 문제가 없습니다.

그런데 상승장에서 투자하는 사람들의 모습을 보면 갭투자도 하고 분양권도 하고 재개발 투자도 합니다. 또 아파트도 하고 빌라도 하고 지식산업센터, 생활형 숙박 시설 같은 수익형 부동산에도 투자합니다. 물론 뭐든 투자할 만큼의 공부와 준비가 되었다면 문제없습니다. 다만 정말 그런 준비가 되어 있는지, 그냥 돈이 될 것 같고 다들 하니까 나도 뛰어든 것은 아닌지, 스스로 물어봐야 합니다.

9. 공부만 하는 투자자로 머물지 마라

투자자는 늘 공부해야 합니다. 어떤 사람은 명품을 사는 데 많은 돈을 지출하고 어떤 사람은 책을 읽고 강의를 듣는 데 많은 돈을 쓴다면, 처음에는 별다른 차이가 없어 보이지만 10년이 지난 후에는 전혀 다른 인생을 살고 있을 가능성이 큽니다. 공부하는 데 돈을 아끼면 안 됩니다.

다만 공부를 하는 데 주의해야 할 점은 있습니다. 공부 자체가 목적이 되어서는 안 된다는 것입니다. 공부는 실행을 위한 준비 단계입니다. 어느 정도 준비가 되었다면 실행에 나서야 합니다. 준비가 부족하다는 이유로 실행을 미룬다면, 아무리 공부를 많이 했어도 결국 인생은 달라지지 않습니다.

완벽한 준비라는 것은 없습니다. 완벽한 준비에 욕심내면 세상에 등장할 타이밍을 놓치게 됩니다. 일단 도전하고 피드백 받은 결과를 반영하여 수정한 후 다시 도전하는 과정을 반복하는 것이 투자 과정이라는 점을 잊지 말아야 합니다.

10. 검색하지 말고 사색하라

남과 다른 차별화된 지점에서 우수한 투자 성과를 만들어 내기 위해서는 반드시 창의성이 뒷받침되어야 합니다. 그 창의성은 독서라는 인풋과 사색이라는 시간의 결합을 통해 만들어집니다.

결국 우수한 투자를 만들어 내는 것은 충분히 배우고, 그렇게 배운 것을 내 것으로 만드는 생각하는 힘에 달려 있습니다. 여전히 많은 사람이 단톡방, 유튜브 등 검색 채널에 의존합니다. 하지만 남과 다른 길을 가려는 청개구리 투자자라면 검색보다는 사색과 더 친해져야 합니다. 투자의 원칙과 기준은 생각하는 힘을 통해 만들어지니까요.

승리하는
부동산 투자자의
기준

우리에게 필요한 3가지 자유

———

A라는 친구는 내과 의사입니다. 꼼꼼하게 잘 진료해 준다고 동네에 소문이 나서 병원에는 늘 손님이 많습니다. 아침 9시부터 저녁 7시까지 간호사 한 명, 조무사 두 명을 두고 정신없이 바쁘게 일합니다. 그 덕에 돈은 많이 버는 것 같습니다.

그런데 이 친구, 경제적으로 여유가 있는 것은 사실이지만 너무 바쁩니다. 평일에는 일하고 주말에는 접대받고 접대하느라 골프장에서 삽니다. 가족과 함께 여행 한번 길게 가질 못합니다.

또 의사이면서 정작 본인 몸에는 소홀합니다. 늘 지쳐 있고 얼굴에는 윤기가 없습니다. 오랜만에 만난 친구들과의 술자리에서도 얼마 지나지 않아 피곤하다며 술값만 계산해 주고 자리를 뜹니다.

육아휴직 중인 B라는 친구도 있습니다. 아이는 이미 초등학생이라 사실 육아를 위한 휴직은 아니고, 10년 이상 근무한 회사 생활이 좀 지겨워 1년 쉬려고 낸 휴직입니다. 처음에는 여유로워진 시간을 이용해 평소 못 읽은 책도 읽고 여행도 다니고 친구들도 만나고 운동도 열심히 하면서 만족스러워했는데요. 요즘은 조기 복직을 고민하고 있습니다.

월급이 들어오지 않으니 금세 통장의 잔고가 바닥나서 여유로운 시간에 건강해진 몸으로 어디든 갈 수 있어도 소용이 없더란 것이죠.

A는 경제적 자유는 얻었지만 시간적 자유, 육체적 자유가 없습니다. 반대로 B는 시간적, 육체적 자유는 있어도 경제적으로 여유가 없고요. 두 사람 모두 완벽한 자유를 얻었다고 할 수 없습니다.

우리에게 필요한 자유는 경제적 자유뿐이고 경제적 자유만 이루면 모든 걱정, 고민, 문제가 다 해결될 것 같지만 실상은 그렇지 않습니다. 우리에게 필요한 것은 경제적 자유만이 아닙니다. 우리가 지향해야 할 자유는 경제적, 시간적, 육체적 자유입니다. 이 세 가지 자유에는 똑같은 비중을 두어야 합니다. 자, 그럼 하나하나씩 살펴볼까요?

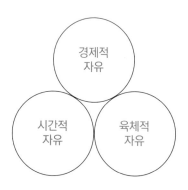

1. 경제적 자유

경제적 자유를 얻기 위해 우리는 어떠한 준비를 해야 할까요?

첫 번째는 경제적 자유라는 말의 의미를 정확히 이해하는 것입니다. 여러분이 생각하는 경제적 자유의 의미와 모습은 무엇인가요? 일하지 않고 노는 백수의 삶인가요? 단지 30억만 있으면 경제적 자유를 이룬 것인가요? 저는 모두 아닙니다. 제가 생각하는 진정한 경제적 자유는 돈에 연연하지 않는 삶입니다. 돈에 구애받지 않고 좋아하는 일이나 하고 싶은 일을 마음껏 하며 사는 것입니다. 일하지 않는 삶은 낭비입니다. 돈이면 모든 문제를 다 해결할 수 있을 것 같지만, 막상 돈을 갖게 되면 돈으로 해결할 수 없는 문제가 우리 앞에 나타납니다. 경제적 자유라는 말을 너무 돈에만 국한시키면 그 속에 나의 자리는 없습니다. 돈보다 더 중요한 것은 행복한 삶이고, 돈은 그저 수단일 뿐이라는 점을 꼭 기억하세요.

두 번째는 속도보다는 방향과 안전이 더 중요하다는 마인드를 장착하는 것입니다. 술이 충분히 익을 때까지 기다리지 않고 급하게 뚜껑을 열면 엉뚱하게 식초가 되어 버립니다. 단기간에 경제적 자유를 이루겠다는 욕심보다는 좀 늦더라도 사고 없이 목적지에 도달하겠다는 생각으로 안전에 더 중점을 둬야 합니다. 빨리 도착해 봐야 하루 이틀 빠른 것이고 늦게 도착해 봐야 하루 이틀 늦은 것뿐입니다. 사실상 큰 차이가 없습니다. "멈추지 않는다면 얼마나 천천히 가는지는 문제가 되지 않는다"고 한 공자의 말을 늘 명심하세요. 방향을 잘 설정하고 천천히 한 발 한 발 걸어 나가세요. 처음에는 느릿느릿한 덧셈의 길 같지만, 어느 순간

문득 곱셈의 길을 걸어온 자신을 발견할 것입니다.

세 번째는 분산 소득입니다. 저는 근로소득만으로 경제적 자유를 이룬 사람을 본 적이 없습니다. 불확실한 시대에 근로소득에만 의지하는 것만큼 위험한 일은 없습니다. 의지와 상관없이 우리는 언제든 직장을 잃을 수 있습니다. 투자 또한 늘 잘되는 것이 아닙니다. 지금 같은 자산 시장의 불황은 언제든지 찾아올 수 있습니다. 근로소득, 투자소득 외에 사업소득에도 관심을 가져야 합니다. 가장 좋은 방법은 우리가 가진 능력을 수익화하는 사업 모델을 만드는 것입니다. 사업을 너무 어렵게 생각하지 마세요. 그저 나의 능력이 필요한 수요 집단을 찾아내 그들의 요구를 맞추어 줄 때 사업은 시작됩니다. 능력으로 하는 사업은 망해도 잃는 것이 별로 없습니다. 기껏해야 시간과 노력, 그리고 약간의 비용이 들 뿐입니다. 또한, 능력으로 하는 사업의 기회는 지하철이 플랫폼에 도착하는 것처럼 계속해서 찾아옵니다. 찾아오는 기회를 외면하지 않고 계속 시도하다 보면 누구라도 반드시 어느 순간에는 나의 핵심 사업을 가질 수 있게 됩니다. 시도를 포기하지만 않는다면 말이죠.

2. 시간적 자유

아무리 돈이 많고 하고 싶은 일이 있어도 시간이 없다면 무용지물입니다. 사실 우리가 일하고 투자하는 이유는 정말 좋아하는 것을 할 수 있는 시간의 자유를 얻기 위해서입니다. 하고 싶은 일이 있음에도 할 시간이 없는 사람은 노예와 다를 바 없습니다. 『법구경』에 이런 구절이 있습니다.

> 활 만드는 사람은 뿔을 다루고 뱃사공은 배를 다루며 목수는 나
> 무를 다루고 지혜로운 사람은 자신을 다루네.

저는 자신을 다루는 것의 핵심을 시간이라고 생각합니다. 시간을 다
룰 수 있어야 진정 자신을 다루는 사람이 됩니다. 그렇다면 우리에게 주
어진 이 한정된 시간을 잘 다루기 위한 방법은 무엇일까요? 저는 두 가
지 팁을 제시하고자 합니다.

첫 번째는 미리미리 조금씩 해 두는 것입니다. 바쁘게 뭔가를 정신없
이 하는 사람들을 가만히 잘 살펴보세요. 정말 일의 양이 많고 난도가
높아서 그럴 수도 있지만, 대부분은 미리미리 하지 않아서입니다. 미리
미리 해야 할 일을 하지 않고 막판에 몰아서 하기 때문에 바빠진 것이
죠. 바쁜 이유의 상당 부분은 게으름이 원인입니다.

미리미리 조금씩 준비해 두면 급할 일이 없습니다. 차분한 마음으로
전체를 살필 수 있고 실수 없이 한 번에 일을 마무리할 수 있습니다. 반
대로 허겁지겁 서둘러 일하다 보면 처음부터 다시 해야 할 때가 많습니
다. 결국 아까운 시간을 낭비하게 됩니다. 급하지 않아도 중요한 일은 미
리미리 해 두는 것이 핵심입니다.

시간을 잘 다루는 두 번째 팁은 생활을 단순화하는 것입니다. 생활을
단순화하는 것의 핵심은 정리입니다. 잡다하고 복잡한 것을 덜어 내고
정리하면 진정 하고 싶은 일에 쏟을 시간을 확보할 수 있습니다.

단지 회사를 그만둔다고 해서 시간적 자유를 얻는 것이 아닙니다. 진

정한 시간적 자유는 스스로 주변을 통제할 수 있을 때 만들어집니다. 인생은 단순합니다. 그것을 복잡하게 만드는 것은 나의 생각과 습관입니다.

3. 육체적 자유

몸을 마음대로 쓸 수 없는데 아무리 돈이 많고 시간이 많다 한들 무슨 소용이 있겠습니까? 사실 세 가지 자유 중 가장 중요한 자유는 육체적 자유입니다. 육체적 자유를 얻기 위해 우리는 의도적으로 좀 불편해질 필요가 있습니다. 저는 에스컬레이터를 타지 않습니다. 무조건 계단을 이용합니다. 지하철 한두 정거장 정도의 거리는 그냥 걷습니다. 사무실 바로 앞에 화장실이 있지만, 일부러 다른 건물로 걸어가 화장실을 이용합니다. 사무실로 찾아오겠다는 손님이 있으면 제가 직접 찾아가서 만납니다.

자발적으로 불편함을 만들어 가며 살아야 할 만큼 지금 우리가 사는 세상은 너무 편합니다. 일상의 많은 부분을 기계가 대신해 주고 있어 육체적인 피곤을 느끼지 않습니다. 그러니 늦은 시간이 되어도 잠이 오지 않고, 충분히 자지 못하니 다음 날 머리가 무겁습니다. 머릿속이 개운하지 않으니 짜증이 나고 졸리고 무기력해지는 것이죠. 창의적인 생각은 하려야 할 수가 없습니다.

육체적 자유를 위한 노력, 적당한 불편함을 수용하는 것입니다. 적당히 몸을 쓰고 잠을 푹 자는 것이 중요합니다. 고가의 PT를 받지 않아도 됩니다. 생활 속 간단한 실천으로도 우리는 얼마든지 육체적으로 자유로워질 수 있습니다.

우리가 인생 끝까지 행복한 삶을 추구한다면 집중보다는 균형에 초점을 맞춰야 합니다. 경제적 자유, 시간적 자유, 육체적 자유 이 세 가지 영역이 서로 조화를 이루는 것이 중요합니다. 우리는 이 세 가지 영역을 균형 있게 관리해야 합니다. 어느 하나의 영역이 잘 관리되지 못하면 그 하나가 다른 영역에 그림자를 드리우기 때문입니다. 돈과 시간, 건강의 균형 있는 포트폴리오를 늘 생각하세요. 균형 있는 사람이 안정적인 성과를 냅니다. 결국 인생 전체를 성공으로 만듭니다.

자산을 불리는 투자와 자산을 지키는 투자

1. 자산을 불리는 투자

자산을 불리는 투자는 말 그대로 투자의 목적이 자산을 불리는 데 있습니다. 좀 더 구체적으로 설명하자면, 지속적인 매수와 매도를 통해 최초의 시드머니 크기를 계속해서 키워 나가는 것이 목적입니다.

자산을 불리는 투자는 매수와 매도의 타이밍이 성패를 가릅니다. 시기를 잘 골라 시장에 진입하고, 어느 정도 수익이 났을 때는 욕심을 버리고 시장에서 나와야 합니다. 늘 발걸음이 가벼워야 하는 투자입니다.

타이밍 투자를 잘하기 위해서는 부동산 흐름에 관한 공부가 필수입니다. 흐름을 무시하고 진입하면 투자금이 오랜 기간 묶일 수 있습니다. 자금이 묶인다는 것은 시드머니를 불리는 일이 중간에 멈춘다는 뜻입니다. 그것은 목표 지점에 도달하는 데 더 많은 시간이 소요된다는 의미입니다. 계속해서 자금을 굴리고 불리기 위해서는 자금이 한곳에 오래 머물도록 두어서는 안 됩니다. 갭투자를 하더라도 가급적 2년 정도 보유하고 매도해서 투자금과 수익금을 회수하는 것에 목표를 두어야 합니다.

계약갱신청구권 도입으로 2년 정도 단기 보유 후 매도하기가 쉽지 않아졌지만, 그렇다고 불가능한 것은 아닙니다. 저는 계약갱신청구권을 쓰지 않은 물건을 전세 끼고 매수하여 보유 기간은 줄이면서 투자금과 수익금은 빠르게 회수하는 전략을 상승장에서 자주 사용해 단기간에 자산을 불릴 수 있었습니다. 예를 들면, 아래와 같은 방식입니다.

- 2019년 11월, 1억 3,000만 원에 전세 끼고 매수
  (보증금 1억, 전세 기간은 2018년 11월~2020년 10월)
- 2020년 10월, 세입자 계약갱신청구권 사용
  (전세 기간 2020년 11월~2022년 10월로 연장, 보증금 5% 증액)
- 2021년 10월, 보유 기간 2년 채우고 전세 끼고 1억 8,000만 원에 매도

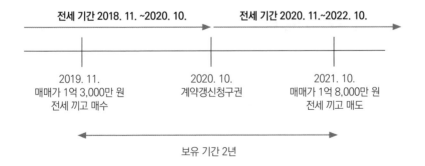

투자금과 수익금을 빠르게 회수하기 위한, 자산을 불리는 투자에서 꼭 챙겨 봐야 할 지표는 공급 물량입니다. 향후 공급 물량이 부족한 지역이어야 전세가 상승으로 보증금을 증액할 수 있습니다. 그래야 새로운 매수자가 부담하는 투자금이 줄어 더 쉽게 매도됩니다.

자산을 불리는 투자는 투자금 5,000만 원 이하의 작은 투자입니다. 작은 투자의 가치는 두 가지입니다. 첫 번째는 자산을 지키는 큰 투자로 가기 위한 연습입니다. 작은 투자로 충분히 연습해야 큰 투자를 비교적 편안하게 할 수 있습니다. 3,000만 원짜리 갭투자 한번 안 해 본 사람이 5억이 들어가는 큰 투자를 하면 밤에 잠을 못 잡니다. 두 번째는 종잣돈 마련입니다. 종잣돈은 저축을 통해서만 만들어지는 것이 아닙니다. 오히려 저는 종잣돈을 만들기 위해 투자합니다. 큰 투자로 가기 위한 시드머니 만들기가 이 작은 투자의 목적입니다. 눈뭉치처럼 투자금 3,000만 원에 수익금을 붙여 가며 시드머니를 5,000만 원, 1억 원으로 만드는 것입니다. 자산을 불리는 작은 투자로는 인생을 바꾸지 못합니다. 인생을 바꾸는 투자는 이제부터 이야기할 자산을 지키는, 큰 투자입니다.

2. 자산을 지키는 투자

자산을 지키는 투자는 자산을 오래 보유하는 데 큰 의미가 있는 투자입니다. 사고팔고를 계속하여 시드머니를 불려 나가는 것이 아니라, 한번 매수하면 가급적 팔지 않고 오래 보유함으로써 자산 스스로 제 가치를 충분히 발휘하도록 기다려 주는 것입니다. 강남 빌딩 소유자들은 건

물을 자주 사고팔지 않습니다. 보유하는 기간에 가격이 조금 내려가도 강남이라는 입지의 가치를 믿고 장기 보유하는 것입니다. 아파트 투자를 주로 하는 저는 투자금 2억~3억 원 정도를 넣고 장기 보유 후 수익금 5억 원 이상을 목표로 하는 투자를 자산을 지키는 투자로 정의합니다.

자산을 지키는 투자는 입지와 가치가 중요합니다. 물론 서울 강남에 투자하면 가장 좋겠지만, 누구나 그럴 수는 없습니다. 그러니 자신에게 주어진 자금 범위 내에서 가장 좋은, 지역별 핵심지에 투자해야 합니다. 제가 생각하는 지역별 핵심지는 다음과 같습니다.

서울	강남구, 서초구, 송파구, 강동구, 동작구, 영등포구, 양천구, 용산구, 마포구, 성동구, 광진구
경기	과천, 성남(분당), 광명, 안양(평촌), 용인(수지), 수원(광교), 화성(동탄2)
인천	연수구(송도)
부산	해운대구, 수영구, 동래구, 남구
대구	수성구
대전	유성구, 서구
광주	남구
울산	남구
세종	전 지역

자산을 불리는 투자에서는 사고파는 타이밍이 중요하다고 이야기했는데, 자산을 지키는 투자는 타이밍보다 결단과 실행력이 더 중요합니다. 자산을 지키는 투자에 타이밍을 너무 들이대면 자칫 보유 기회를 놓칠 수 있기 때문입니다. 물론 자산을 지키는 투자에서 타이밍까지 좋다

면 더할 나위가 없겠죠. 하지만 제 경험상 자산을 지키는 투자에서 타이밍과 보유, 두 가지 모두 동시에 충족할 수 있는 기회는 자주 찾아오지 않았습니다. 타이밍을 다소 양보하더라도 보유에 더 큰 의미를 둘 수 있어야 투자금이 많이 들어가는 지역별 핵심지 물건을 매수할 수 있었습니다.

자산을 지키는 큰 투자에서 주의해야 할 점은 절대 실패하면 안 된다는 것입니다. 투자금이 많이 들어가기 때문입니다. 투자금이 큰 투자에서 실패하면 손해 또한 큽니다. 멘탈이 흔들리고, 경우에 따라선 재기가 불가능할 수도 있습니다. 반드시 성공해야 하는 것이 바로 큰 투자입니다. 그래서 자산을 불리는 작은 투자로 충분한 경험을 쌓는 것이 중요하고, 또 자산을 불리는 투자로 누적된 수익금을 충분히 활용할 수 있어야 합니다. 그래야 단기간의 시세 변동에 무덤덤할 수 있습니다. 어차피 수익금이기 때문입니다.

자, 지금까지 말씀드린 자산을 불리는 투자와 자산을 지키는 투자의 차이점을 정리하면 아래 표와 같습니다.

자산을 불리는 투자	자산을 지키는 투자
작은 투자(투자금 5,000만 원 이하)	큰 투자(투자금 3억 원 이상)
타이밍이 중요	결단과 실행력, 보유 자체가 중요
공급물량	입지와 가치
경험과 종잣돈 마련이 목적	인생을 바꾸는 퀀텀 점프가 목적
단기 보유(2~3년)	장기 보유(5년 이상)

우리의 투자 지향점은 자산을 지키는 투자입니다. 자산을 불리는 투자로 경험을 쌓고 종잣돈을 키워서 자산을 지키는 투자에 에셋 파킹하는 것입니다. 자산을 불리는 작은 투자를 하다 보면 잘될 때도 있고 잘 안될 때도 있습니다. 잘 안될 때는 실수를 인정하고 교훈을 찾으면 됩니다. 실수를 반복하지 않으려고 노력하면 됩니다. 작은 투자 결과 하나하나에 너무 연연해하지 말라는 겁니다. 어차피 우리의 투자는 큰 투자에서 승부를 내는 것이고, 지금은 큰 투자로 가기 위한 과정이기 때문입니다. 자산을 지키는 투자 물건 2~3개 정도면 인생을 바꾸는 퀀텀점프가 가능합니다. 인생을 바꿀 정도는 아니라도 삶의 여유가 생기고, 최소한 돈 때문에 힘들어할 일은 없게 됩니다.

앞서 자산을 지키는 투자는 타이밍보다 보유를 위한 결단과 실행력이 더 중요하다고 했는데, 하락장을 잘 활용한다면 좋은 타이밍까지도 손에 쥘 수 있을 것 같습니다. 시장 분위기가 좋지 않고, 전세가가 폭락해서 투자금이 많이 드는 지금이 가치가 높은 좋은 물건을 싸게 매수해 놓고 상승장을 기다리기에 좋을 때입니다.

자산을 불리는 투자와 자산을 지키는 투자를 너무 이분법적으로 구분해서 접근할 필요는 없습니다. 다만 지금 내가 하고 있는 이 투자가 어떤 목적에서, 무엇을 지향하는 투자인지 정도는 한번 생각해 볼 필요가 있습니다. 그래서 자산을 불리는 투자는 자산을 불리는 투자답게, 자산을 지키는 투자는 자산을 지키는 투자답게 해 나갈 수 있어야 합니다. 그러기 위한 적절한 전략을 선택하는 것은 장기적 관점에서 자산과 투자를 안정적이고 단계적으로 운용해 나가는 기준이 됩니다.

매수 협상의 5가지 기술

역사적으로 협상은 그 결과에 따라 협상 주체인 국가나 기업, 개인의 미래와 운명을 결정지어 왔습니다. 강동6주를 얻어 낸 고려 서희와 거란 소손녕 간의 협상은 성공적이었던 반면, 전 세계를 제2차 세계대전의 소용돌이에 밀어 넣은 뮌헨협정은 실패한 협상이었습니다.

부동산 투자 과정에서 이뤄지는 협상 또한 우리 개인의 미래와 운명을 결정짓는 중요한 과정입니다. 특히 좋은 물건을 좋은 가격에 사는, 매수 협상에 성공해야 투자 수익을 극대화할 수 있습니다. 그럼 어떻게 해야 매수 협상을 성공적으로 이끄는 투자자가 될 수 있을까요? 매수 협상 기술 5가지를 소개해 봅니다.

성공적인 매수 협상을 위한 첫 번째 기술은 시장 분위기를 파악하고

협상에 임하는 것입니다.

좋은 물건을 좋은 가격에 매수하기 위해서는 기본적으로 매수자 우위 시장이어야 합니다. 즉, 매수하려는 사람은 별로 없는데 매도하려는 사람은 많은 시장 분위기여야 매수 협상의 성공 가능성이 커집니다. 깎아 달라는 요구가 받아들여지려면 팔려는 사람은 줄 섰는데 사려는 사람은 코빼기도 안 보일 때여야 한다는 것이죠. 현재 시장이 어떤 분위기인지도 모른 채 무턱대고 깎아 달라는 억지를 부려서는 협상이 진행되지 않습니다. 매수자에게 유리한 시장 상황에서 협상해야 성공할 수 있습니다.

대전 매수·매도 추이

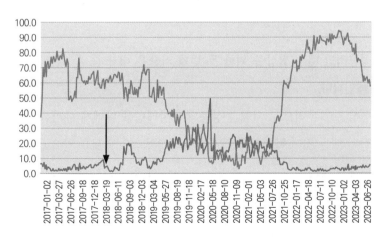

chapter 2 승리하는 부동산 투자자의 기준 　107

2018.02.	2억 5,000(28일,7층)	2억 6,350(24일,3층)
	2억 3,650(24일,2층)	2억 6,700(19일,6층)
	2억 6,300(18일,14층)	2억 5,600(8일,7층)
	2억 4,400(7일,4층)	2억 7,100(7일,8층)
	2억 6,800(3일,4층)	

앞 그림의 화살표는 2018년 초 대전 서구 월평동 황실타운아파트를 매수할 시점의 매수·매도 그래프입니다. 날씨가 추워서 집을 보러 다니는 사람이 거의 없을 때였습니다. 매수자는 별로 없고 매도자는 많은 시장이었죠. 이럴 때 매수 협상을 하면 매수자에게 보다 유리한 조건으로 계약을 이끌어 갈 수 있습니다. 2억 5,000만 원에 나온 매물을 깎아 2억 4,400만 원에 매수했는데, 비슷한 시점에 거래된 물건들보다 저렴한 가격이었습니다.

성공적인 매수 협상을 위한 두 번째 기술은 내가 줄 수 있는 것이 있을 때입니다.

협상은 기본적으로 이해가 상충되는 상대방을 나에게 유리한 쪽으로 이끌어 내는 것이 목적이지만, 상대방의 일방적인 양보를 강요해서는 안 됩니다. 상대방이 아무리 불리한 위치에 서 있어도 내 주장만 할 경우 협상은 틀어집니다. 매도자의 요구를 먼저 들어 보고, 그 요구 중에 내가 해 줄 수 있는 무엇을 가지고 협상에 임해야 합니다. 제가 창원을 매수할 때 매도자는 빠른 잔금을 요구했습니다. 제주를 매수할 때 매도자는 중도금을 원했고요. 저는 이런 요구 사항을 들어주면서 저의 요구 사항인 가격 인하를 이야기했고 매도자들은 이를 수용해 주었습니다. 기브 앤 테이크Give & Take입니다. 내가 먼저 줄 수 있는 것이 있을 때, 얻어 낼 수도 있습니다.

〈창원 토월성원 협상 시 대화〉

옥동자: 203호 1억 4,000짜리 물건, 500만 깎아 주시면 계약하겠습니다.

소장님: 사장님, 500은 어렵고 300이면 어떨까요? 1억 4,000에도 계좌가

　　　　한번 나간 물건이라……..

옥동자: 투자금이 부족해서요. 매도자 분께 이야기 한번 해 주세요.

소장님: 사장님 원하시는 1억 3,500으로 최종 답변받았습니다. 대신 4월

　　　　말 잔금 조건으로 금액 조율한 것인데, 가능하실까요?

옥동자: 네, 그럼요!

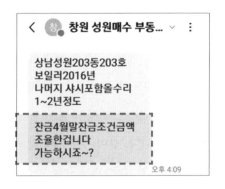

성공적인 매수 협상을 위한 세 번째 기술은 부동산 중개업소 소장님을 내 편으로 만드는 것입니다.

부동산 소장님은 매수자 편일까요, 아니면 매도자 편일까요? 보통은

매수자 편입니다. 나중에 매도할 때도 중개 의뢰를 받을 수 있기 때문입니다. 직거래가 아닌 이상 부동산 거래는 매수자와 매도자가 일대일로 진행하지 않습니다. 보통은 중간에서 부동산 소장님이 거래 조건을 조정해 주죠. 부동산 소장님이 어느 편에 서느냐에 따라 협상의 결과는 천차만별입니다. 따라서 부동산 소장님을 내 편으로 만드는 것이 중요합니다. 부동산 소장님 또한 협상의 상대방이기 때문에 두 번째 기술에서 이야기한 것처럼, 소장님이 원하는 것을 줄 수 있어야 소장님도 나를 위해 애써 줄 수 있습니다. 그럼 부동산 소장님이 가장 원하는 것은 무엇일까요? 첫 번째는 신뢰이고, 두 번째는 중개 수수료입니다. 소장님을 믿고 있다는 진심을 표현하고, 최선을 다해 준 소장님에게 드리는 중개 수수료는 절대 깎지 말아야 합니다.

성공적인 매수 협상을 위한 네 번째 기술은 깎아 주지 않더라도 마음의 상처를 받지 않는 것입니다.

지루한 가격 협상에 임하다 보면 가끔은 비굴해지는 자신을 발견할 때가 있습니다. 이렇게까지 구차하게 아쉬운 소리를 하며 가격을 깎아야 하나 싶을 때가 있는 것이죠. 그래서 우리는 협상에 최선을 다하되 자존감에 상처를 내선 안 됩니다. 깎아 주면 좋지만 안 깎아 줄 수도 있음을 인지해야 합니다. 안 깎아 주는 매도자를 미워할 필요도 없고, 그로 인해 마음이 상처를 받아서도 안 됩니다. 가벼운 마음으로 협상에 임하되, 잘 안되면 어쩔 수 없는 것입니다. 모든 협상이 늘 내 뜻대로만 될 수 없다는 사실을 아는 것만으로도 우리는 성공적인 협상을 위한 무기 하나를 장착한 것입니다.

성공적인 매수 협상을 위한 마지막 다섯 번째 기술은 가격에 매몰되지 않는 것입니다.

중요한 것은 거래이지 가격이 아닙니다. 부동산 거래 협상을 하다 보면 작은 돈을 가지고 거래 상대방과 옥신각신할 때가 있습니다. 10억 원짜리 물건을 거래하는데 100만~200만 원 때문에 거래가 성사되지 않는 것이죠. 100만~200만 원 더 얹어 주는 게 아까워서 곧 호황을 맞이할 시장을 포기하는 것은 소탐대실입니다. 가격에 매몰되어서 거래를 포기하는 우를 범해선 안 됩니다. 협상은 내가 원하는 지역의 물건을 손에 넣기 위한 과정이지, 협상 자체를 목적으로 두고 절대 지지 않겠다고 생각하는 것은 목적과 수단이 바뀐 것입니다. 협상의 결과가 조금 아쉬워도 괜찮습니다. 나중에 좋은 가격으로 매도해서 보상받으면 됩니다.

〈제주 노형2차 협상 시 대화〉

옥동자: 소장님, 34평 4층 6억 9,500에 매수 희망합니다.

소장님: 사장님, 매도자가 7억에 매수해서 손해 보고 팔 순 없고 7억 500
　　　　 이하로는 어렵다고 합니다.

옥동자: 네, 그럼 6억 9,500억은 포기하고 7억 500에서 200만 원만 빼 주
　　　　 세요.

소장님: 사장님, 7억 300에 하자고 하시네요.

옥동자: 네, 감사합니다!

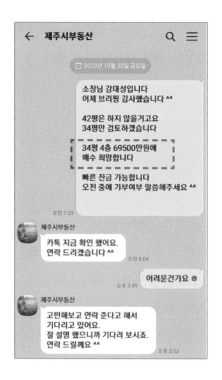

부동산 투자 과정은 협상의 연속입니다. 그중 가장 중요한 것은 매수 협상입니다. 나에게 얼마나 유리한 협상 결과를 이끌어 내느냐에 따라 투자의 성패가 결정되기 때문입니다. 협상은 싸우는 것이 아닙니다. 협상 자체를 어려워하는 분은 위에서 이야기한 5가지의 매수 협상 기술을 꼭 기억해 뒀다가 실전에 활용해 보기 바랍니다.

절대 잊지 말아야 할
매도의 기준 3가지

———

모든 일이 다 그렇지만 마무리가 중요합니다. 부동산 투자의 한 사이 클은 매도에서 마무리됩니다. 매도를 통해 수익 또는 손실을 확정하는 것이죠.

투자에서 수익은 매우 중요합니다. 물론 뼈아픈 투자의 실패도 오랜 기간 투자를 해 나가는 데 피가 되고 살이 되는 경험인 것은 분명하지 만, 실패의 경험은 한 번 정도로 족합니다. 실패가 반복되면, 그것이 실 력이 됩니다. 앞선 실패의 과정에서 아무것도 배우지 못했다는 것을 의 미합니다.

투자 수익이 중요한 이유는 단순히 돈 때문만은 아닙니다. 그보다 저 는 수익이 나야 투자를 계속할 수 있는 동력이 만들어진다는 점에 주목 하고 싶습니다. 수익은 곧 성공의 경험입니다. 달콤한 성공을 한번 맛보면 이를 다시 맛보기 위해 어떤 식으로든 노력하게 됩니다.

자신의 투자를 복기하면서 수익의 이유를 찾아가는 과정은 그 자체로 공부입니다. 투자를 하고, 수익을 내고, 그 수익의 이유를 찾고, 혹시 부족한 부분이 있었다면 보충하며 다시 재정비한 후, 수익금을 활용하여 새로운 투자에 나서는 것. 우리는 이 과정을 반복하면서 우수한 성과를 내는 투자자로 성장할 수 있습니다.

실패보다 성공이 우리를 더 성장시킵니다. 저는 실패가 성공의 어머니라고 생각하지 않습니다. 성공이 성공의 어머니이고, 작은 성공 경험이 모여 큰 성공을 만들어 낸다고 생각합니다.

부동산 투자의 수익은 그래서 중요합니다. 이렇게 중요한 수익을 결정하는 것은 매도이고요. 그러니 매도를 잘해야 합니다. 후회 없는 매도로 만족스러운 수익을 확정 지어야 합니다.

후회 없이 만족스러운 매도가 되려면 어떻게 해야 할까요? 기준에 입각한 매도를 하면 됩니다. 매도의 기준이 서 있어야 합니다. 기준 없이 아무렇게나 매도하면, 잘 매도하고서도 아쉬움과 후회를 남깁니다.

투자에서 기준을 지녔다는 의미는 조건에 들어맞으면 바로 실행에 옮길 수 있어야 한다는 것입니다. 기계적으로, 의심하지 않고, 자동으로 자신을 움직이게 하는 도구가 될 수 있을 때, 그것이 진짜 기준입니다.

절대 잊지 말아야 할 매도의 기준 3가지를 소개합니다.

첫 번째 매도의 기준은, 매도자 우위 시장을 절대 놓치지 말아야 한다는 것입니다.

매도자 우위 시장, 즉 시장에 매수 대기자가 넘쳐서 물건을 가진 매도자가 갑인 시장입니다. 하루에도 몇천씩 호가가 오르고, 내일은 더 오를 것 같은 분위기의 뜨거운 상승장이죠. 이런 시장 분위기에서 매도하는 것은 말처럼 쉬운 일이 아닙니다. 욕심이라는 본능에 반하는 일이기 때문입니다. 그럼에도 우리는 이 본능을 극복해야 합니다. 좋은 매도 타이밍은 자주 오는 기회가 아니기 때문입니다.

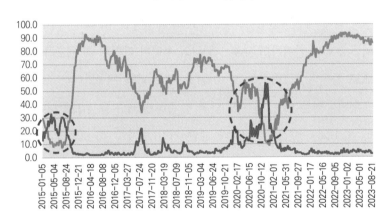

대구 매수·매도 추이

2015년 이후 대구 부동산 시장의 모습입니다. 매수자 수가 매도자 수를 압도하는, 매도자 우위의 시점은 2015년 봄과 여름 그리고 2020년 가을뿐이었습니다. 만 8년 동안 단 두 번이었습니다. 이 시기를 제외하고는 늘 매도자 수가 매수자 수보다 많은, 매도자에게는 불리한 기간이었죠. 이처럼 시장은 대체로 매도자에게 불리합니다. 따라서 우리는 예외적으로 매도자에게 유리한 시기를 적극적으로 공략해야 합니다. 많은 사람이 상승하는 가격에 미쳐 있을 때, 우리는 냉정하게 현실을 바라보고 욕심을 과감히 끊어 낼 수 있는 용기와 절제로 매도에 나서야 합니다. 쉽게 매도할 수 있을 때 매도하지 못하면, 꼭 매도해야 할 때 절대 매도할 수 없는 것이 부동산 시장입니다.

두 번째 매도의 기준은, 매수할 때부터 목표가 또는 목표수익률을 정해 둬야 한다는 것입니다.

저의 목표가는 매수가의 2배, 목표수익률은 투자금의 200%입니다. 즉 3억 원에 매수하면 6억 원이 매도 목표가이고, 이 투자에 쓰인 투자금이 5,000만 원이라면 세후 1억 원의 수익이 확정될 때 매도하는 것을 목표로 둡니다. '그리고and'는 아니고 '또는or'의 개념입니다. 목표가든 목표수익률이든 어느 한쪽을 먼저 충족하면 매도를 시도합니다. 물론 2배, 200%는 정답은 아닙니다. 오랜 기간 투자를 해 오면서 나름대로 정한, 제가 만족할 수 있는 기준일 뿐입니다.

목표가/목표수익률을 정해 두는 이유는 욕심의 끈을 과감히 끊어 내기 위해서입니다. 오랜 기간 투자할 생각이라면 욕심에 집착해서는 안 됩니다. 기대에 조금 못 미치더라도 꾸준히 승리하는 데 초점을 맞춰야 합니다. 시장은 작은 변수로도 빠르게 변합니다. 욕심과 미련에 발목이 잡히면 꾸준히 승리하는 투자를 할 수 없습니다. 목표가/목표수익률에 도달했으면 과감히 매도하고 더 좋은 다음 투자 시장으로 이동하는 것이 좋습니다. 설사 매도한 이후 더 상승하게 되더라도 그건 매수자의 몫으로 넘겨줘야 합니다.

세 번째 매도의 기준은, 매도하기 전부터 갈아탈 계획을 준비해 둬야 한다는 것입니다

많은 사람이 그런 말을 합니다. 매도하고 났더니 1억 원 더 오르는 모습을 보고 미치는 줄 알았다고, 내가 가졌어야 할 수익을 매수자에게 빼앗긴 거 같아서 억울하다고, 왜 그렇게 성급한 결정을 했는지 정말 후회된다고, 말이죠. 그럴 때 저는 이런 말을 합니다. 매도는 원래 그런 것이라고요. 조금만 생각을 달리해 보면, 앞으로 오르지 않을 물건을 구매하는 매수자가 있을까요? 더 오를 만하니까 매수하는 것입니다. 앞서 이야기한 대로 매도 후 더 오르는 몫은 매수자의 몫으로 넘겨줘야 합니다. 그 몫까지 내가 다 취하겠다는 것은 욕심입니다.

아쉬운 매도를 탓할 것이 아니라, 갈아탈 다음 계획이 없음을 탓해야 합니다. 갈아탈 계획이 준비된 사람은 매도를 아쉬워하지 않습니다. 수익은 수익대로 만족하면서 더 좋은 곳으로 갈아탈 기회를 부여받았음에 오히려 감사해하죠. 매도하고 난 후 1억 원 더 오르는 모습을 보고 미치지 않으려면, 매수자에게 수익을 뺏긴 것 같은 억울함이 들지 않으려면, 수익금을 활용해서 더 좋은 투자처로 곧장 갈아타야 합니다. 그리고 갈아탄 새로운 투자처에서 더 큰 수익을 기대해야 하는 것입니다.

매도 시점에 임박해서 갈아탈 계획을 생각하면 늦습니다. 더 좋은 투자처로 즉시 갈아타기 위해서는 미리 생각하고 준비해 둬야 합니다. 사전에 임장도 다녀오고 꾸준히 소통할 현지 소장님 몇 분과도 안면을 터둬야 합니다. 꾸준히 매물을 모니터링 하는 것은 기본이겠고요. 기분 좋은 마음으로 물건을 보내 주기 위해서는, 기분 좋은 마음으로 새롭게 만

날 물건이 정해져 있어야 합니다. 그래야 후회 없는 홀가분한 매도를 할 수 있습니다.

울산 매수·매도 추이

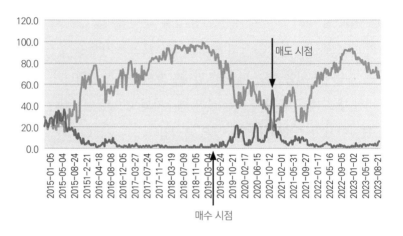

저는 2019년 초에 매수한 울산 남구 힐스테이트수암1단지를 2020년 8월에 계약하고 10월에 잔금으로 7억 원에 매도하였습니다. 1년 정도 더 보유를 했다면 8억 원 중반까지 상승하는 모습을 볼 수도 있었겠지만, 저는 과감히 매도하고 수익금을 활용하여 다음 매수할 곳으로 점찍어 둔 제주로 곧장 갈아탔습니다.

매매 실거래가		2022.12. 국토교통부 기준
계약월	매매가	
2022.12.	**6억 3,000(10일,15층)**	
2022.11.	~~6억 4,000(30일,9층)~~ 계약취소	6억 4,000(30일,9층)
2022.08.	6억 9,500(22일,8층)	
2022.05.	7억 1,000(7일,5층)	
2022.02.	7억 2,000(21일,6층)	
2021.11.	7억 7,500(22일,25층)	
2021.10.	8억(1일,12층)	
2021.09.	8억 4,600(28일,25층)	7억 9,500(25일,21층)
2021.08.	8억(26일,17층)	
2021.06.	7억 6,000(26일,10층)	
2020.10.	7억(24일,9층)	7억 6,000(20일,19층)

제주 매수·매도 추이

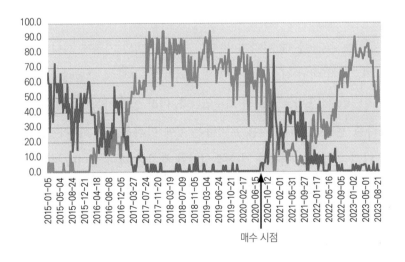

■■■ 매도자 수   ■■■ 매수자 수

매수 시점

매매 실거래가	2022.12. 국토교통부 기준
계약월	매매가
2022.08.	9억(25일,7층)
2021.09.	9억 2,000(10일,3층)
2021.05.	9억 2,000(17일,3층) 계약취소
2021.02.	9억(12일,3층)
2020.11.	7억 8,000(10일,14층) 7억 300(7일,4층)
	7억 6,000(3일,10층) 7억 6,000(3일,10층) 계약취소
	7억 5,500(2일,11층) 계약취소 7억 5,500(2일,11층)
2020.09.	7억 500(14일,4층)

제주로 갈아탄 이유는 세 가지입니다. ① 울산이 자주 찾아오지 않는 매도자 우위 시장이었다는 것, ② 제주가 울산보다 상승 흐름이 늦어 상대적으로 매수자 우위 시장이었다는 것, ③ 울산보다 더 상급지의 물건으로 수익금을 활용해 갈아탈 수 있다는 것 때문이었습니다. 제가 미리 정해 둔 매도의 기준에 부합하는 이유가 있었기에 울산의 매도가 별로 아쉽지 않았습니다.

우리는 투자를 해 나가며 무수히 많은 선택의 기로에 섭니다. 선택의 기로에서 어떤 식으로든 결정을 내려야 합니다. 그 결정에 필요한 것은 무엇인가요? 바로 원칙과 기준입니다. **여러 선택 가능한 대안 중 어느 하나를 선택하고 나머지를 포기하는 것에 아쉬움과 후회, 걱정을 남기지 않기 위해서는 원칙과 기준에 입각한 투자를 해야 합니다.** 매도에 앞서 자신에게 물어보기 바랍니다. '나는 과연 매도한 후 어떤 좋은 계획을 가지고 있는가?' '더 좋은 어디로 갈아탈 생각인가?'라고 말이죠. 이 질문에 자신 있게 대답하지 못한다면, 차라리 매도하지 않는 편이 낫습니다.

　평생을 두고 할 투자인데, 어떠한 상황에서도 흔들리지 않을 매도의 기준 몇 가지 정도는 가지고 있어야 하지 않을까요? 언제까지 매도할 때마다 아쉬움과 불안함 사이에서 이러지도 저러지도 못할 것인가요? 매도의 원칙과 기준이 반드시 필요한 이유입니다.

우리의 투자는
늘 수익권에 있어야 한다

부동산, 주식, 코인 모두 재작년과 작년의 고점을 회복하지 못하고 있습니다. 최근 들어 바닥에서 다소 반등하는 모습이지만 고점까지는 남은 거리가 멀고, 여전히 많은 사람이 고점 매수에 물려 있습니다.

이렇게 하락장에서 부득이 자산이 물리게 되면 흔히 우리는 이런 생각을 합니다.

'장기투자하지 뭐, 좋은 거니까 언젠가는 회복하겠지.'

이런 생각으로 자신을 진정시킵니다. 합리화시키고요. 달라진 환경에 적응하는 방어 본능에 따른 것이라, 사실 지극히 자연스러운 생각입니다. 문제는 회복할 그 언젠가가 정말 언제인지 알 수 없다는 것이고, 더 큰 문제는 실제 하락장에서 장기투자를 해 본 경험도 없으면서 막연히 장기투자를 잘 해낼 거라고 생각한다는 점입니다.

거금의 투자금이 묶인 채, 언제 회복될지 모를 그 기간을 참아 내며 기다린다는 것은 말처럼 쉬운 일이 아닙니다. 끊임없이 기회비용에 대한 생각이 떠오르기 때문입니다.

'과연 이걸 계속 들고 가면, 수익을 낼 수 있을까?'

'지금이라도 매도해서 더 좋은 다른 기회를 찾아야 하지 않을까?'

광장극동2차 매매·전세 시세

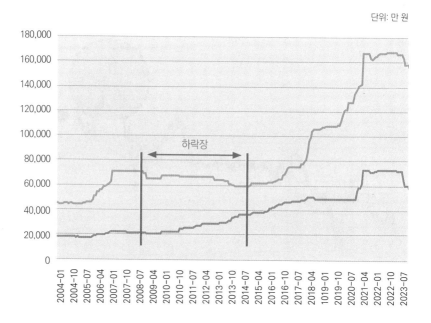

■■■ 매매가　　■■■ 전세가

단위: 만 원

지금은 지난 상승장에 18억 원 가까이 오른 가격에 더 눈길이 가고 앞으로 얼마나 더 오를지가 관심이지만, 2008년부터 2013년까지 내리 6년간은 하락장이었습니다. 4억 원이 넘는 투자금을 묶어 둔 채 6년의 기간을 아무렇지 않게 버텨 낸다는 것은 절대 쉬운 일이 아닙니다.

5년, 10년 물려 본 적도 없으면서 장기투자니까 괜찮다고 말할 수 있을까요? 그동안의 답답함과 무기력, 비활력적인 일상은 어쩌고요.

우리는 투자 환경이 어떠하든 살아남아야 합니다. 특히 하락장에 잘

견뎌 낼 수 있어야 합니다. 그러기 위해서는 절대 장기투자를 만만히 봐서 안 되며, 더욱 중요한 것은 우리의 투자는 늘 수익권에 있어야 한다는 사실입니다.

A가 5억에 산 아파트가 10억까지 올랐다가 30% 조정을 받아 현재 7억이라고 칩시다. 반면, B는 A와 똑같은 단지의 물건을 9억에 사서 10억까지 올랐다가 30% 조정을 받아 현재 7억이라고 칩시다. 누가 더 버티는 힘을 가지고 있나요? 당연히 A겠죠. A는 떨어지더라도 여전히 수익권이기 때문입니다.

떨어져도 여전히 수익권에 머무를 수 있는 투자를 하는 것이 중요합니다. 그래야 하락장을 참아 낼 수 있습니다. 하락장에서도 무덤덤해질 수 있습니다. 투자의 결과가 어떻든 일상에도 지장을 주지 않습니다.

하락장에서 손실을 본 상태로 몇 년간 대출이자와 원금을 상환해가며 다시 상승장을 기다리는 일은 굳이 사서 경험할 필요가 없습니다. **우리의 투자가 하락장에서도 늘 수익권에 있으려면, 철저한 저가 매수가 기본입니다.** 그리고 하락하더라도 내가 정신적으로 버틸 수 있을지를 스스로 묻고 '예스'라는 답을 얻어야 합니다. 정신 무장이 잘되어 있어야 한다는 뜻입니다. 그렇지 않고 막연하게 '장투하지 뭐' '안 팔면 되지 뭐' 이런 생각으로 섣불리 매수하면 안 됩니다. 하락장은 생각보다 뼈아플 수 있습니다. 특히 하락장을 한 번도 경험해 보지 못한 사람이라면 말이죠.

하락장을 처음 겪는다면 이 하락장에서 반드시 교훈을 찾아야 합니다. 그리고 앞으로 투자를 해 나갈 때 잊지 말고 잘 써먹어야 합니다.

혹시 계속 상승할 것만 생각해서 쉽게 투자에 나서지는 않았는지, 충분히 제대로 공부하지 않고 투자에 나서지는 않았는지, 기한이 있고 용처가 있는 자금으로 투자에 나서지는 않았는지, 하락장이 찾아올지도 모른다는 생각을 전혀 하지 않고 투자에 나서지는 않았는지 스스로 묻고 답할 수 있어야 합니다.

투자는 여유 자금으로 해야 합니다. 급하지 않은 돈으로 오래 묵혀 두어야 좋은 성과를 낼 수 있습니다. 장기투자를 절대 만만히 보지 말기 바랍니다. 손실 상태에서의 장기투자는 멘탈과 가족 관계, 일상까지 무너뜨릴 수 있습니다.

100% 수익금만을 활용한 투자가 아니라면, 온전히 월급을 저축해서 모은 돈으로 하는 투자라면, 우리의 투자는 늘 수익권에 있어야 합니다. 하락을 하더라도 반드시 내가 매수한 가격 이상이어야 합니다. 그러기 위해 철저한 저가 매수 원칙을 지켜야 합니다.

버티는 힘은 저가 매수에서만 만들어진다는 사실을 꼭 기억하세요.

RR이 아닌데 매수해도 될까요?

아파트 투자를 하는 분이라면 아마 한 번쯤은 RR이라 말을 들어 봤을 겁니다. 네이버에 RR을 검색해 보면 이렇습니다.

> RR 뜻은 Royal동 Royal층입니다. 같은 아파트 단지라도 아파트 동 위치에 따라 층수에 따라 가격이 상이하며 RR은 로얄동 로얄 층으로 가장 좋은 위치의 동 그리고 가장 좋은 위치의 층수를 말 하며 대부분의 로얄층은 높은 층수를 이야기합니다.

요약하자면 가장 좋은 동, 가장 좋은 층, 그리고 여기에 더하여 가장 좋은 방향 등의 의미를 담고 있는 것이죠. 당연히 가장 인기가 있고, 가장 비쌉니다. 1층, 탑층 같은 비非RR과 가격차가 큽니다.

누구나 RR 물건을 원하지만, 실제 투자 과정에서는 非RR 물건을 만날 때가 더 많습니다. RR 물건은 시장에 매물로 잘 나오지도 않고, 나와도 매우 높은 가격이라 접근하지 못할 때가 많거든요. 여기서 우리의 고민은 시작됩니다.

'RR이 아닌데 매수해도 될까?'라고 말이죠.

물론 동과 층이 모두 좋다면 더할 나위 없겠지만, 둘 중 하나만 선택해야 한다면 저는 층은 포기하고 동을 선택하라고 말하고 싶습니다. 층보다는 동이 더 중요합니다. 특히 대단지 투자에서는 더 그렇습니다.

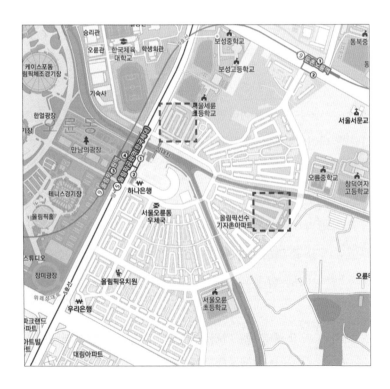

송파구 방이동 올림픽선수기자촌아파트입니다. 재건축을 추진 중인 5,540세대의 대단지 아파트입니다. 향후 재건축이 되면 1만 세대 가까운 신축 아파트로 탈바꿈할 예정입니다.

조합원 동·호수 추첨 방식은 아직 정해지지 않았지만, 여러분이 조합원이고 만약 빨간색 네모 동의 저층과 파란색 네모 동의 고층 중 선택할 수 있는 기회가 주어진다면 어떤 것을 선택하는 것이 좋을까요? **물론 개인의 선호 차이가 있겠지만, 저라면 빨간색 네모 동의 저층을 선택하겠습니다.** 저층이라는 점을 제외하고는 장점이 더 많기 때문입니다. 무엇보다 5·9호선 초역세권이라는 점이 가장 매력적입니다. 세입자를 구하기도 더 쉽습니다. 분양가는 빨간색 네모 동 저층이 파란색 네모 동 고층보다 더 저렴하지만, 향후 시세는 비슷하게 형성될 가능성이 큽니다.

또 요즘은 단지 내 조경이 잘되어 있어서 조경 조망이 가능한 중·저층을 선호하는 분이 의외로 많습니다. 애매한 고층의 거실에서 바라보는 조망은 사실 앞 동일 경우가 많습니다. 그럴 바에는 봄가을 꽃, 단풍을 눈앞에서 즐길 수 있는 중·저층 조망을 더 좋아하는 사람들이 분명히 있습니다.

저층은 매도하기 어렵다고들 하지만, 제 경험상 2층 이상이면 매도에 큰 어려움은 없습니다. 저층인 것을 핑계로 싸게 매수하고 매도할 때는 초역세권, 정원 조망의 장점을 내세웠기 때문입니다. 실제 제가 서울을 비롯한 제주, 창원, 전주 등에 보유하고 있는 물건 대부분이 2~4층입니다. 그동안 투자해서 수익을 낸 물건 중에도 저층이 많았습니다.

다만 1층 투자는 별로 권하고 싶지 않습니다. 가급적 1층에는 투자하지 마세요. 1층은 팔기 어렵습니다. 초호황 시장이 아니라면 1층은 잘 팔리지 않습니다. 지금처럼 비수기에 1층은 더더욱 팔기 어렵습니다. 가격이 엄청나게 싸지 않는 한, 수요자들은 1층에 매력을 느끼지 못합니다.

누구나 다 RR을 선호하기 때문에 RR은 늘 비쌉니다. 특히 상승장에서는 비RR과의 격차를 더 크게 벌리죠. 하지만 반대로 하락장에선 아무리 RR이어도 힘이 달립니다. 비RR과의 격차가 줄어드는 시기가 바로 하락장입니다. 줄어들다 못해 가격 역전이 벌어지기도 합니다.

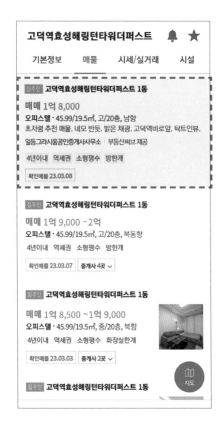

최근에 제가 사무실 공간으로 마련한 물건입니다. 비록 오피스텔이긴 하지만 가장 좋은 층의 남향임에도 나온 물건 중 가장 저렴합니다. 중층 북향 물건보다 더 쌉니다. 뜨거운 분위기의 상승장에서 이런 RR을 나온 물건 중 가장 싼 가격으로 매수할 수 있을까요? 그건 거의 불가능합니다. 최저가에 나온 RR 물건을 살 수 있는 시기는 하락장뿐입니다. 따라서 하락장은 RR을 좋은 가격에 매수하기 좋은 때입니다. **하락장에서는 RR을 노려야 합니다.**

한두 가지 추가적으로 첨언하고 싶은 것 중 하나는 방향입니다. 저는 개인적으로 남동향, 남서향, 남향, 동향 중에 선택합니다. 북향, 서향, 북서향, 북동향 물건에는 투자하지 않습니다. 이것은 수요층이 제한적입니다. 1층 물건처럼 추후 매도가 어려울 수 있습니다.

또 하나는 일조입니다. 앞 동과 아주 근접하여 일조 자체가 불가능한 층·호가 아니라면 저층이어도 크게 걱정할 필요는 없습니다. 설사 저층이어서 일조가 좀 부족해도, 요즘 사람들은 집 안으로 햇빛이 깊숙이 들어오는 것을 별로 좋아하지 않습니다. 어차피 커튼을 치고 사는 사람이 많습니다.

정리해 보겠습니다.

당연히 가장 좋은 건 RR 물건입니다. 사람들에게 가장 인기가 있기 때문입니다. 다만 RR 물건 매수가 좀 여의찮다면, 로얄층보다는 로얄동에 더 우선순위를 두고 매수하는 것이 좋습니다. 특히 대단지에서는 더 그렇습니다. 서울의 경우에는 역세권과 가까운 동이 최우선입니다.

또한, RR 물건의 매수 또는 RR 물건으로의 갈아타기에 하락장만큼 좋을 때는 없습니다. 상승장에서 갈아타는 비용보다 하락장에서 갈아타는 비용이 적게 들기 때문입니다. 상승기 같았으면 2억은 줘야 갈아탈 수 있었는데, 하락장에선 1억만 줘도 더 입지가 좋고 더 상품성이 좋은 물건으로 갈아탈 수 있습니다. 하락장에서는 추가 자금을 조달해서라도 지금 내가 가진 물건보다 좀 더 RR인 물건으로 꼭 갈아타야 합니다.

앞으로 우리는 투자를 해 나가는 과정에서 수많은 RR과 비RR 물건을 만나게 될 것입니다. 투자 선택의 기로에서 어떤 결정을 할지, 그 기준을 세우는 데 이 챕터의 내용이 도움이 되었으면 좋겠습니다.

급매 판별법

부동산은 무조건 싸게 사야 하는 것이 대전제입니다. 싸게 사야 보유하는 내내 마음 편하고 향후 수익도 극대화할 수 있습니다. 가격이 내려가도 여전히 수익 구간이라면 다행이지만, 매수한 가격 이하로까지 계속해서 떨어지는 물건을 보고 있자면 그만큼 괴로운 것이 없습니다. 주식이라면 손절이라도 할 수 있지만, 부동산은 그조차도 여의치 않습니다. 떨어지는 칼날을 잡아 줄 사람을 찾기란 여간 어려운 일이 아니기 때문입니다.

투자에서는 장기간 물리는 것을 늘 경계해야 합니다. 또 물리더라도 고점에 물리지는 말아야 합니다. 이런 말을 하면 "누가 물리고 싶어서 물리냐" "앞일을 그 누가 알겠냐"고 반문하겠지만 시장이 너무 뜨거울 땐 한발 물러설 줄 알아야 한다는 이야기입니다. '신고가를 써 주면서까지 내가 이 시장에 뛰어들어야 할까?' '혹시 다른 투자 대안은 없을까?' 는 한번 고민해 볼 만한 가치가 있는 생각입니다.

상승장에서든 하락장에서든 네이버 부동산에서는 '급매'라는 주석이 달린 물건을 자주 볼 수 있습니다. '사정이 있어서 싸게 내놓은 물건'이라는 의미인데, 과연 이 급매라는 말을 곧이곧대로 믿어도 되는 걸까요?

럭키덕동 101동

매매 2억 5,000
아파트 · 121.29/101.57㎡, 2/14층, 남향
급매 앞동남향,기본형,5월협의입주

태산그린길공인중개사사무소 | 한국공인중개사협회 제공

25년이상   급매   방네개이상   화장실두개

등록일 23.03.21

물건을 내놓고 올리는 사람 입장에서는 이 가격을 급매라고 생각할지 몰라도, 매수하고 투자하는 사람 입장에서는 급매가 아닐 수도 있습니다. 그렇다면 정말 급매인지 아닌지는 어떻게 판단해야 할까요?

다음의 세 가지 과정이 필요합니다. **첫째, 현재 나와 있는 다른 매물들과 가격을 비교해 봐야 합니다. 둘째, 가격 밴드상 어느 위치에 있는지 확인해야 합니다. 셋째, 직전 최고가 실거래가 대비 얼마나 하락했는지를 계산해야 합니다.**

구체적인 예시를 가지고 판단해 보겠습니다. 올해 초에 투자를 검토했던 경기도 평택시 비전동 LG덕동아파트입니다.

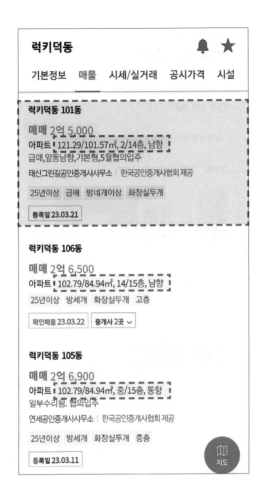

첫째, 동일한 시점에 나와 있는 다른 매물들과 가격을 비교해 보겠습니다. 비록 2층이긴 하지만 36평 가격이 같은 단지 31평 매물보다 저렴합니다. 이 정도면 정말 급매라고 할 만하겠네요.

둘째, 가격 밴드상 어느 위치에 있는지 확인해 보겠습니다.

럭키덕동 101동   알림   관심

매매 2억 5,000

681만원/3.3㎡

매매 시세 평균 ⑦   **3억 500**

"급매,앞동남향,기본형,5월협의입주"

2/14층 · 남향 · 공급 121㎡ 평

시세/실거래가   시세 기준 ⑦

　　매매　　　　전세　　　　월세

해당 매물가 **2억 5,000**

시세　　　2억 9,000　　　3억 2,000

36평 매물의 가격 밴드는 상한가 3억 2,000만 원, 하한가 2억 9,000만 원입니다. 통상적인 매물의 경우 이 밴드 범위 안에서 가격이 형성되어 있는데, 지금 이 물건은 하한가 2억 9,000만 원보다 4,000만 원 더 저렴한 수준입니다. 이 정도면 정말 급매라고 할 만하겠습니다. 하한가보다 더 먼 왼쪽에 위치할수록 급매입니다.

셋째, 직전 최고가 실거래가 대비 얼마나 하락했는지를 계산해 보겠습니다.

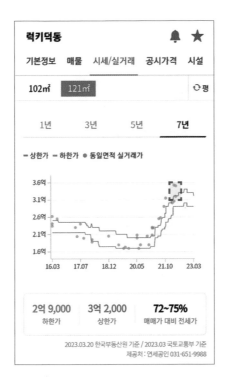

직전 최고가 실거래가는 2022년 4월 3억 5,200만 원이었습니다.

2억 5,000만 원 ÷ 3억 5,200만 원 = 71%

고점 대비 하락률은 29%, 저층에 내부가 기본 상태인 물건임을 감안하면 하락률이 조금 더 높았으면 하는 바람입니다. 물론 이는 매도자와의 협상 과정에서 얼마든지 조율 가능할 수 있겠지만요.

LG덕동아파트 36평 2억 5,000만 원 물건의 급매 판별 결과는 이렇습니다. 모든 조건을 완벽하게 충족하진 못해도 비교적 급매 조건에 부합한다고 볼 수 있겠네요.

현재 나와 있는 다른 매물들과 가격 비교	○
가격 밴드상 어느 위치에 있는지 확인	○
직전 최고가 실거래가 대비 얼마나 하락했는지 계산	△

다른 사례도 하나 더 살펴볼까요?

마찬가지로 올해 초에 투자를 검토했던 경기도 고양시 일산서구 후곡 7단지 동성 23평입니다.

첫째, 경쟁 매물들과 가격을 비교해 보겠습니다. 1층 물건이 3억 4,000만~3억 5,000만 원에 나와 있는 상황에서 2층 물건이 3억 2,000만 원이라면 급매라고 할 수 있을 듯합니다.

둘째, 가격 밴드상 어느 위치에 있는지 확인해 보겠습니다.

가격밴드 하한가 3억 5,000만 원보다 3,000만 원 더 저렴한 수준입니다.

셋째, 직전 최고가 실거래가 대비 얼마나 하락했는지를 계산해 보겠습니다.

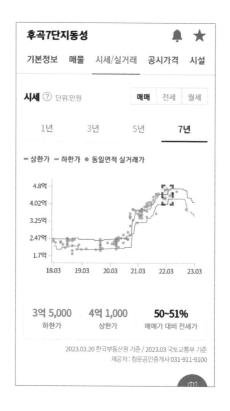

3억 2,000만 원 ÷ 4억 6,800만 원 = 68%

고점 대비 하락률은 32%, 저층이지만 올수리되어 있다는 점을 고려하면 급매 기준에 부합합니다.

후곡7단지 동성 23평의 급매 판별 결과를 정리해 보면, 3가지의 급매 조건을 모두 충족하고 있다고 볼 수 있겠습니다.

현재 나와 있는 다른 매물들과 가격 비교	○
가격 밴드상 어느 위치에 있는지 확인	○
직전 최고가 실거래가 대비 얼마나 하락했는지 계산	○

또한, 앞서 살펴보았던 경기도 평택시 LG덕동아파트와 비교하여 둘 중 하나에 투자한다면 후곡7단지 동성이 급매 기준에 더 부합하기 때문에 더 좋은 투자처라고 판단됩니다.

급매라는 말에 쉽게 속아 넘어가선 안 됩니다. 3가지 조건을 가지고 스스로 검증해 볼 줄 알아야 합니다. 그 검증 기준을 완벽히 통과한 것일수록 매력적인 투자 물건인 동시에, 안전하면서도 향후 수익을 극대화할 수 있는 투자처입니다.

손해를 대하는 자세

———

손해에 대해 이야기한다는 것은 별로 기분 좋지 않은, 껄끄러운 일입니다. 하지만 오래 투자를 해 나가기 위해서는 손해에 대해서도 한번쯤은 생각해 볼 필요가 있습니다. 손해를 바라보는 나의 태도, 관점이 어떠한지 차분히 생각해 보는 시간이 되었으면 좋겠습니다.

결론부터 말하자면, 한 번도 손해를 본 적이 없는 성공한 투자자는 없습니다. 투자의 귀재라고 하는 워런 버핏도 2022년에 30조의 손실을 보았습니다. 워런 버핏도 그러한데 평범한 투자자에 불과한 우리가 단 한 번도 투자에서 손해를 보지 않는다는 것은 불가능합니다. 손해라는 것은 투자 세계에서 병가지상사입니다.

그리고 한번 생각해 보세요. 자기 자신이 투자하는 것마다 성공할 수 있을 정도로 대단하고 뛰어난 실력을 갖춘 사람인지 말이죠. 자본주의는 다른 사람 호주머니에 있는 돈을 내 호주머니로 가져오는 것입니다. 언제나 예외 없이 다른 사람의 호주머니 속 돈을 내 호주머니로 가져올 수 있다고 믿는다면, 그것은 근거 없는 자신감입니다. 나만 똑똑하고 상대방은 모두 바보일 리 없습니다. 상대방도 나만큼 생각이 있고 전략이 있습니다.

물론 손해를 보지 않는 방법도 있습니다. 투자 자체를 하지 않으면 됩니다. 제 주변에는 한 번도 손해를 보지 않은 부자는 없지만, 한 번도 손해를 보지 않은 가난한 사람은 많습니다. 생전 투자라는 것을 해 본 적이 없는 사람들, 늘 주어진 월급에 맞춰 생활하고 회사가 전부인 줄 아는 사람이 많습니다. 하지만 우리가 지향하는 삶의 모습은 아닙니다. 어쩌면 가장 위험한 투자는 리스크를 전혀 감수하지 않으려는 투자입니다. 자본주의 사회에서 원금만 지키려고 하는 방식은 결국 실패한 투자가 될 수밖에 없습니다.

따라서 투자에서 100% 승률 같은 건 없다는 것, 투자 과정에서의 손해는 일정 부분 불가피하다는 것을 먼저 이해해야 합니다. 완벽한 투자 따위는 없습니다. 다만 그렇다고 해서 손해를 대하는 데 주의해야 할 점이 없는 것은 아닙니다. 손해를 대하는 우리의 자세, 3가지를 이야기하고 싶습니다.

첫 번째는, 너무 큰 손해를 봐선 안 된다는 것입니다. 즉 손해를 보더라도 재기가 가능해야지, 재기가 불가능한 손해까지는 가지 말아야 합니다. 잽을 한대 얻어맞을 수는 있지만 강력한 어퍼컷까지 허용해선 안 됩니다. 우리의 투자는 언제나 가드를 단단히 치고 상대방의 어퍼컷에 대비해야 합니다.

손해가 너무 크면 만회할 엄두가 나지 않습니다. 언제 손해를 다 회복하고 다시 플러스 수익 구간으로 가게 될지 알 수 없기 때문에 힘부터 빠지는 것이죠. 따라서 우리는 늘 투자하기에 앞서 자신에게 물어봐야 합니다. 만약 이 투자로 손해를 본다면 어느 정도일지, 그리고 나는 그에 대한 대비가 되어 있는 사람인지 말이죠.

특히, 10억 이상의 큰 투자를 할 때는 늘 조심하고 신중해야 합니다. 잘못된 시기에 큰 투자를 했다가 자칫 하락하기라도 하면 엄청난 단위로 떨어지기 때문입니다. 따라서 큰 투자는 하락장에서 해야 합니다. 고점 대비 30~40% 떨어진 하락장에서는 큰 투자를 해도 추가 하락의 가능성이 별로 크지 않습니다. 반대로 바닥 대비 2배 이상 올라온 상승장에서 영끌 추격 매수로 큰 투자를 하면 자칫 큰 화를 당할 수 있습니다.

두 번째는, 작은 손해도 가볍게 봐선 안 된다는 것입니다. '뭐 하다 보니 손해 볼 수도 있는 거지' '그래도 나름 열심히 했잖아'라는 생각으로, 손해를 자주 경험하는 것은 좋지 않습니다.

손해는 작은 것이라도 큰 의미를 부여해서 교훈을 삼아야 가치가 있는 것이지, 손해 횟수가 많고 손해 본 금액이 많다고 해서 반드시 나의 성장으로 이어지는 것은 아닙니다. 단돈 500만 원을 손해 보고 팔았어도 5억 원을 손해 보고 판 것과 같은 아픔을 느낄 수 있어야 다시는 손해 보는 투자를 하지 않게 됩니다. 자연스레 안전한 투자를 지향하게 되고, 잃지 않는 투자가 제1의 투자 원칙이 되는 것입니다.

손해를 대하는 자세 마지막 세 번째는, 손절이 꼭 정답은 아니라는 것입니다. 즉 손해를 확정 지으면 자존감도 떨어지고 우울하고 일도 손에 잡히지 않을 것 같다면, 굳이 손절을 통해 손해를 확정 짓지 않아도 됩니다.

팔기 전까지는 손해가 확정되지 않습니다. 잘 가지고 있다가 수익으로 전환되면 그때 매도해도 됩니다. 잃지 않는 투자의 핵심 중 하나는 팔지 않는 용기입니다. 물건의 가치에 확신이 있고 계속 보유하는 데 필요한 대비도 되어 있으며, 스스로 멘탈이 그렇게 단단하지 않다고 여겨진다면 매도하지 않고 가져가도 됩니다. 비록 지금은 손해 구간이지만 매도하지 않고 끝까지 끌고 가서 결국 수익을 내면 자신감도 올라갑니다. 좋은 경험이 될 수 있고, 자신만의 투자 스토리가 만들어질 수도 있습니다.

사실 장기투자자에겐 손절 전략이 필요 없습니다. 어차피 가치가 큰 자산을 모아 가는 개념이기 때문입니다. 어떤 물건을 사는 이유가 꼭 매도해서 수익을 취하기 위한 것만은 아닙니다. 보유 자체로 의미 있는 입지의 물건이 있을 수 있고, 그럴 경우엔 시세가 어떻든지 계속해서 보유하는 것이 좋습니다.

수익은 통제 불가능합니다. 뜻대로 마음대로 안 됩니다. 반면, 손해는 통제 가능합니다. 미리 조심하고 대비하면 손해를 줄이거나 없앨 수 있습니다. 수익과 손해의 원리를 이해하면, 투자는 늘 손해를 잘 관리하는 데 초점이 맞춰져 있어야 합니다. 손해 관리만 잘하면 수익은 하늘의 뜻에 따라 자연스레 나를 찾아오게 될 테니까요.

돈을 잃지 않는 투자란 무엇일까요? 원금을 잃지 않기 위해 안전자산에만 투자하는 것? 현금만 보유하는 것? 그런 의미는 아니라고 생각합니다. 제가 생각하는 잃지 않는 투자는 큰 손실을 피하는 투자입니다. 큰 손실은 피하면서 작은 손실에서 배운 경험과 교훈으로 조금씩 손해를 통제해 나갈 수 있는 실력을 쌓는다면, 우리는 잃지 않는 투자자가 될 수 있습니다.

부동산 투자 자가 진단 테스트:
부동산 잘 맞는 사람 vs 부동산 잘 맞지 않는 사람

부동산 투자는 부동산 투자에 잘 맞는 사람이 잘합니다. 10년 이상 부동산 투자를 해 오면서 주변 사람들을 지켜본 결과, 투자를 좋아하고 즐기며 높은 수익을 내는 이들은 모두 부동산 투자에 잘 맞는 사람들이었습니다. 반대로 부동산 투자와 잘 맞지 않는 사람들도 분명히 존재했고요.

이런 두 유형의 특징을 정리해 보았습니다. 일명 '부동산 투자 자가 진단 테스트: 부동산 잘 맞는 사람 vs 부동산 잘 맞지 않는 사람'입니다. 먼저 부동산 잘 맞는 사람의 특징입니다.

첫째, 부동산 덕후입니다.

덕후란 어떤 분야에 몰두해 전문가 이상의 열정과 흥미를 가진 사람이라는 뜻입니다. '몰두' '열정' '흥미'가 키워드입니다.

부동산 덕후인지 측정하는 몇 가지 질문이 있습니다.

● 평소에 주로 어떤 사이트를 방문해서 어떤 정보를 찾는가?

- 어떤 SNS 계정을 가지고 있으며, 그 채널의 테마는 무엇인가?
- 친구들과 만나면 가장 많이 나누는 대화의 주제는 무엇인가?
- 휴대폰 연락처에 부동산 소장님의 전화번호는 몇 개나 등록되어 있는가?
- 핸드폰 갤러리는 주로 어떤 사진으로 채워져 있는가?

위의 질문에 단호히 '부동산'이라고 답한다면, 당신은 부동산 투자에 잘 맞는 사람입니다.

둘째, 반대를 무릅쓰는 용기를 가졌다.

앞서 덕후의 덕목이라고 언급한 몰두, 열정, 흥미가 일시적이지 않고 꾸준하게 지속되는지 혹은 계속되는지 여부는 반대를 무릅쓰는 용기에 달려 있습니다. 주변 사람들의 걱정과 우려, 정책적인 제약에도 불구하고 포기하지 않고 어떻게든 이를 극복하는 방법을 찾아내고 있다면 당신은 부동산 투자에 잘 맞는 사람입니다.

셋째, 재미없을 때도 참아 낸다.

하락기에도 여전히 부동산 시장을 떠나지 않는 사람입니다. 하락기는 노력 대비 성과가 나오지 않는 구간입니다. 씨를 뿌려도 언제 싹이 돋을지, 하염없이 기다려야 하는 시간이죠.

어떤 투자 시장도 늘 오르기만 하는 행복한 시간만 있지는 않습니다. 상승이 있으면 자연스레 하락이 있을 수밖에 없습니다. 상승과 하락의 부침은 투자 세계에 늘 있는 일입니다. 진정한 강자는 어려울 때 참아 낼 줄 아는 사람입니다. 어려움을 기꺼이 내 것으로 수용하고 그 속에서 기회를 엿볼 수 있다면, 부동산 투자에 잘 맞는 사람입니다.

넷째, 경쟁보다는 성장을 더 중요하게 생각한다.

부동산 잘 맞는 사람은 투자로 남들과 경쟁하지 않습니다. 경쟁은 의미가 없다는 것을 알기 때문입니다. 1등이 아닌, 2등부터 꼴등까지는 늘 상대적 열위에 놓여 있습니다. 1등이 아니고서는 모두 패배자인 것이죠. 그럼 1등은 행복할까요? 그 자리를 뺏길까 노심초사해야 합니다.

투자는 누구에게 보여 주려고 하는 것이 아닙니다. 스스로 좋아서 하는 것입니다. 나와 가족들이 경제적으로 좀 더 여유롭게 잘 살기 위해서 하는 것이 투자입니다. 마음을 편안하게 먹고 자기 페이스대로 뚜벅뚜벅 해 나가는 투자가 최고입니다. 조금 빠르고 늦을 뿐이지, 꾸준하기만 하면 결국 모두 원하는 목표 지점에 도달할 수 있습니다. 목표 달성이라는 목적보다는 과정을 즐기고자 한다면 투자는 더 재밌을 수 있습니다. 누가 뭐라 해도 남들과 비교·경쟁하지 않고 스스로 만족하는 투자를 하고 있다면, 당신은 부동산 투자에 잘 맞는 사람입니다.

다섯째, 자기만의 기준을 가지고 있습니다.

부화뇌동하는 사람이 부동산 투자로 큰 성공을 거둘 수 있을까요? 운 좋게 한두 번 그럴 순 있겠죠. 하지만 그때뿐입니다. 투자는 단톡방이나 유튜브에서 전문가의 말을 듣고 하는 게 아닙니다. 주도적으로 자기만의 기준을 가지고 하는 것입니다.

자기 기준에 맞지 않으면 남들이 아무리 좋다고 해도 투자하지 않을 수 있어야 합니다. 반대로 남들이 아무리 뜯어말려도 기준에 맞는다면 좌고우면하지 않고 투자할 수 있어야 하고요. 자기 주도적으로, 자기 기준을 가지고 투자하고 있나요? 그럼 당신은 부동산 투자에 잘 맞는 사람입니다.

이 다섯 가지 특징에 모두 동그라미 표시를 할 수 있다면, 당신은 부동산 투자에 잘 맞는 사람인 동시에 이미 부동산 투자로 많은 수익을 내고 있을 가능성이 큽니다. 혹시 한두 가지가 부족하다고요? 그럼 부족한 부분 채워서 다섯 개 모두 동그라미를 칠 수 있으면 됩니다.

반대로 부동산 잘 안 맞는 사람들의 특징도 있습니다.

첫째, 이론과 방법에 집착한다.

부동산 투자는 자연과학이 아닌 사회과학입니다. 자연현상을 이성적인 논리와 검증으로 해석해 내는 자연과학이 아니라, 사회현상이며 그 사회 속에 살고 있는 사람들의 심리를 분석하는 사회과학의 한 분야입니다. 그렇기 때문에 부동산을 자연과학으로 접근하면 이해 안 되는 일투성이입니다.

'왜 앞으로 공급 물량이 적정 수요를 초과하는데도 불구하고 가격이 오르는 것인가?' '학군과 교통 중 부동산 가격 상승에 더 큰 영향을 미치는 것은 무엇인가? 그 비율은 얼마인가?' '왜 A 단지는 100% 오르는데 B 단지는 50%밖

에 오르지 않는가?'

원인과 결과를 이론적으로, 숫자상으로 접근하는 대표적인 질문들입니다.

공부 방법론에 너무 집착하는 사람들도 많습니다. 마치 공인중개사 시험에 합격하려면 하루에 몇 시간을 공부해야 하는지, 교재는 무엇이 좋은지, 어떤 강사가 좋은지, 또 어디서 공부하면 가장 잘될지 등에 대한 고민 탓에 정작 공부를 시작하지 못하는 것과 같습니다. 물론 다 중요하고 필요한 고민이지만, 이런 고민 때문에 정작 공부를 시작하지 못한다면 이는 분명 선후가 뒤바뀐 것입니다.

너무 꼼꼼하고 치밀한 성격, 논리적이고 이성적인 성격은 부동산 투자를 하는 데는 그렇게 좋지 않을 수도 있습니다. 완벽하지 않고 조금 불안정하더라도 빠르게 결단하고 실행하는 사람들이 부동산 투자를 잘합니다. 일단 시도하고 추후 부족한 부분은 보완하겠다는 생각으로 투자하는 것입니다. 물이 들어오면 노를 저으면 됩니다. 노 젓는 방법을 이론적으로 연구하는 것보다는 그냥 몇 번 노를 젓다 보면 자연스레 잘하게 됩니다. 혹시 노가 부러지면 노를 대체할 다른 무엇인가를 찾으면 되는 것이고, 안 되면 손으로라도 저으면 되는 것입니다.

둘째, 과정을 못 견딘다.

부동산 투자로 수익을 잘 내는 사람들이 쉽게 금방 수익을 내는 것처럼 보여도 실제로는 오랜 시간 끈질기게 버틴 결과일 때가 많습니다. 기다릴 줄 아는 것이 부동산 투자에서는 정말 중요합니다.

처음부터 의도한 대로 잘되기만 하는 일은 극히 드뭅니다. 의도치 않게 막히는 부분이 생기고 생각지 못한 악재가 튀어나오기도 합니다. 부동산 투자에서 성공하기 위해서는 이런 악재와 어려움을 반드시 이겨 내야 합니다. 하기 싫은 일도 하고 참기 어려운 일도 참아야 비로소 원하는 성과를 이룰 수 있습니다.

흔히 과정을 즐기라는 말을 하는데, 저는 이 말을 힘들더라도 어려운 과정을 기꺼이 견뎌 낼 각오로 담담히 받아들이라는 의미로 이해하고 있습니다. 오늘 매수한 물건이 당장 오르지 않아도, 다른 사람들이 산 물건은 다 오르는데 내 것만 오르지 않아도, 입지가 좋고 가치가 높은 물건이라는 확신만 있다면 기다려야 합니다. 가격이 가치를 온전히 반영해 줄 때까지 기다려야 합니다. 그 기간을 못 참고 팔아 버리면 어떤 일이 벌어질까요? 팔아 버린 다음 날부터 오르기 시작합니다. 그만큼 허탈한 일도 없겠죠. 기다림이라는 것은 늘 그렇습니다.

칠흙 같은 한밤중에는 얼마나 더 기다려야 해가 뜰지 알 수 없습니다. 하지만 믿고 기다리면 해는 반드시 뜹니다. 자정부터 동 트기 직전까지 잘 기다려 놓고서 '아, 오늘은 해가 뜨지 않나 보다'라고 생각하고 자리를 뜨면 기다림의 보람도 없겠지만, 보려고 했던 장엄한 일출의 모습은 다른 사람들의 몫이 될 것입니다.

셋째, 의심과 걱정이 많다.

어떤 일을 하기로 마음먹었으면 더 이상 질문하지 말아야 합니다. 질문과 의심은 마음먹기 이전 단계입니다.

'정말 해 봐도 될까?' '과연 오를까?' '얼마나 오를까?' '혹시 상투 잡는 건 아닐까?' '더 좋은 투자처가 있는데 나만 모르고 있는 건 아닐까?' 등의 의심과 질문은 사실 그 누구도 답을 해 줄 수 없는 것들입니다.

정말 좋아서 하는 일은 정말 내가 원하는 일입니다. 내가 좋아서 하는 일에 다른 사람의 의견이 꼭 필요한 것은 아닙니다. 남의 의견에 좌지우지할 것도 아니고요. 질문에 답해야 할 사람은 남이 아니라 자기 자신입니다. 스스로 답할 수 없다면 답할 수 있을 때까지 더 준비하면 됩니다. 투자 과정에서의 의심과 질문은 아직 자신의 판단과 결정, 행동에 확신이 없기 때문입니다. 투자를 계속 이어 나가면서 경험이 쌓이다 보면 충분히 해소할 수 있는 부분입니다.

부동산 잘 맞는 사람과 잘 맞지 않는 사람의 특징 중 여러분은 어떤 특징을 더 많이 가지고 계신가요? 혹시 부동산 투자와 잘 맞지 않는 특징을 더 많이 가지고 있다고 해도, 이는 얼마든지 극복 가능하다는 점을 말하고 싶습니다.

중요한 것은 내가 어떤 성향의 사람인지 스스로 이해하는 것입니다. 이를 통해 잘하는 점은 더 발전시키고, 부족한 점은 개선할 수 있어야 합니다. 그럴 수 있다면 누구나 부동산 투자에 잘 맞는 성향의 사람이 될 수 있습니다.

chapter **3**

새로운
상승장을 위한
준비

투자 슬럼프 극복법

살다 보면 누구나 한두 번쯤 슬럼프를 겪습니다. 슬럼프를 사전에서 찾아보면 '운동 경기 따위에서, 자기 실력을 제대로 발휘하지 못하고 저조한 상태가 길게 계속되는 일'이라고 정의되어 있습니다. 즉 어떤 일에 집중하지 못하고 무기력해지는 상태를 말합니다.

앞서 한두 번쯤이라고 말했지만, 사실 슬럼프는 늘 우리와 함께합니다. 슬럼프의 정도와 모습은 사람마다 다르지만, 언제든 누구에게든 찾아오는 것이 슬럼프입니다.

저는 투자 과정에서 자주 슬럼프를 겪었습니다. 하고자 했던 일이 잘되지 않거나 걱정했던 일이 잘 해결되지 않아서 슬럼프에 빠진 것이 아니라, 오히려 그런 일들이 어렵사리 잘 해결된 뒤에 슬럼프를 맞이하는 경우가 많았습니다. 공허하고 허탈한 감정과 함께 말이죠.

어떤 책에서 슬럼프를 느낀다는 건 그동안 자신이 유능하게 잘해 왔다는 증거이기도 하다는 글을 읽었습니다. 어떤 실적도 없이 늘 지지부진한 사람에겐 슬럼프가 찾아오지 않으며 일정한 실적을 거둔 후 그것을 뛰어넘지 못하는 한계에 부딪혔을 때 슬럼프에 빠진다는 이야기였는데, 공감하는 바가 컸습니다.

'아, 내가 슬럼프에 빠진 것은 나에게 어떤 문제가 있어서 그런 게 아니구나' '열심히 했고 나름의 성과가 있었음에도 자연스레 찾아오는 게 슬럼프구나'라는 것을 깨닫게 되었죠.

슬럼프를 겪으며 느낀 점 중 하나는, 슬럼프는 절대 피할 수 없다는 것이었습니다. 슬럼프를 미리 막을 수 있는 예방주사 같은 건 없습니다. 마음에서 찾아오는 자연스러운 현상이기 때문입니다. 느낀 점 중 또 하나는, 슬럼프도 자주 겪다 보니 나름의 대처 요령이 생기더라는 것이었습니다. 그 요령을 잘 활용하니 슬럼프에 깊숙이 빠져 오래도록 헤매며 시간과 정력을 낭비하는 일을 막을 수 있었습니다. 심한 독감에 걸리지 않고 하루 이틀 짧게 앓고 마는 약한 감기로 막을 수 있더란 것입니다.

슬럼프가 찾아왔을 때, 제가 활용하는 요령은 세 가지입니다.

첫 번째는 걷기입니다. 뭔가 찜찜한 기분이 들면서 몸에 힘이 빠지고 만사가 귀찮아지는 슬럼프의 조짐이 보이면 일단 걷습니다. 무조건 운동화를 신고 밖으로 나갑니다. 동네 한 바퀴를 아무 생각 없이 걷습니다. 그렇게 한 시간 정도 걷고 나면 몸에 땀이 나고 머리가 가벼워집니다. 생기가 돌고 개운한 느낌이 듭니다. 물론 슬럼프의 느낌이 완전히 사라진 건 아니지만, 그 정도를 훨씬 낮은 수준으로 떨어뜨릴 수 있습니다.

두 번째는 여행입니다. 시간 여유가 된다면 여행을 떠납니다. 꼭 휴가를 내서 가는 긴 해외여행이 아니어도 좋습니다. 서울 근교로 가족이나 친구들과 떠나는 짧은 여행으로도 충분합니다. 좋아하는 사람들과 낯선 곳으로 떠난다는 것이 중요합니다. 머무는 장소를 바꾸는 것이지요. 새로운 장소에서 사랑하는 사람들과 함께 시간을 보내면 그 자체로 힐링이 됩니다. 보고 듣고 느끼는 것이 다르기 때문입니다. 그 다름이 생각을 전환시킵니다. 생각을 가두지 않고 흐를 수 있도록 만듭니다.

세 번째는 자신에게 선물하는 것입니다. 선물은 보상입니다. 그간 열심히 해 온 자신을 인정해 주는 것이죠. 저는 남에게 인정받는 것보다 저 자신에게 인정받는 것에 더 큰 만족감을 느낍니다. 제가 어떤 노력을 얼마나 했는지는 제가 가장 잘 알고 있으니까요. 선물은 큰 것보다는 작은 선물이 좋습니다. 큰 선물을 자주 하면 그에 익숙해져 버려 갈수록 더 큰 선물을 해야 만족합니다. 저는 저에게 운동화를 자주 선물합니다. 운동화는 제가 가장 좋아하는 선물입니다. 선물을 받고 나면 동네 한 바퀴 걷습니다.

결국 슬럼프에 요령 있게 대처하는 방법은 자신이 좋아하는 일을 하면서 잠시 휴식의 시간을 갖는 것입니다. 슬럼프가 왜 찾아왔는지 그 이유나 원인을 분석하고 탐색하는 것은 별로 도움이 되지 않습니다. 슬럼프의 깊이를 더 깊게 만들 뿐입니다. 잠시 그 자리를 벗어나는 것이 좋습니다. 잠시 미뤄 두고, 잠시 시선을 돌리는 것입니다. 그런 의도적인 노력 몇 가지면 슬럼프를 크게 앓지 않고 보낼 수 있습니다.

슬럼프는 피할 수 없습니다. 앞으로 투자를 계속해 나가는 과정에서 슬럼프 역시 계속 찾아올 것입니다. 슬럼프와 친하게 지내는 것까지는 어렵겠지만, 적당히 대응할 수 있는 자신만의 방법을 생각해 두는 것이 좋습니다. 그렇다면 두려워할 일이 없습니다. 이왕 찾아온 슬럼프와 잠시 동거하는 것도 나쁘지 않습니다. 나 자신을 돌아보고 한 번 더 챙기는 계기로 만들면 됩니다.

슬럼프를 숙성의 시간으로 생각합시다. 고기도 숙성하면 더 맛있어집니다. 더 유연해지고 부드러워지죠. 고기 입장에선 자신의 등급을 두세 단계 올리는 퀀텀 점프의 시간입니다.

우리도 마찬가지입니다. 찾아온 슬럼프의 시간을 지혜롭게 잘 보내면 우리 마음의 내공도 올라갑니다. 건강하고 튼튼한 마음으로 투자를 해 나갈 수 있습니다. 여러분의 슬럼프는 어떤가요? 여러분만의 슬럼프 극복 방법은 무엇인가요?

개인이 아닌 부동산 투자자 전체의 관점에서는 하락기가 슬럼프일지도 모르겠습니다. 하지만 지금의 시간을 현명하게 보내면, 누구보다 먼저 상승장에서 날개를 펼 수 있을 것입니다.

무주택자, 1주택자, 다주택자
포지션별 시장 대응

최근 들어 앞으로의 부동산 시장을 전망하는 이런저런 기사가 많이 나오고 있습니다. 그만큼 앞으로의 시장 흐름을 궁금해하는 사람이 많다는 뜻이겠죠. 하지만 전문가들의 의견이 극명하게 나뉜다는 것은 시장에 불확실성이 많이 껴 있다는 의미입니다.

올해 하반기부터 가격 반등 예상된다. _고준석, 제이에듀투자자문 대표

공공택지·정비 사업·민간 사업·모두 줄었다.
　　　　　　　　　　　　　　　　　_박합수, 건국대 부동산대학원 겸임 교수

2~3년 후 공급 물량은 이미 확정되었으며, 미스매칭이 발생할 것이다. 　　　　　　　　　_우병탁, 신한은행 WM컨설팅센터 부동산팀장

40대 이하 절반 이상이 무주택자이므로 신축 공급이 원활해야 한다. 　　　　　　　　　　　　_윤지해, 부동산114 수석연구원

공급량은 일반분양 가구 수이다. 2025년에는 지금의 절반으로 감소할 것이다. _조영광, 대우건설 빅데이터 연구원

2025~2026년 공급 부족으로 인한 집값 상승 전망에 관한 전문가 의견

오를 것이라는 전망

올해 하번기부터 가격 반등 예상된다. _고준석, 제이에듀투자자문 대표

공공택지·정비 사업·민간 사업·모두 줄었다. _박합수, 건국대 부동산대학원 겸임 교수

2~3년 후 공급 물량은 이미 확정되었으며, 미스매칭이 발생할 것이다. _우병탁, 신한은행 WM컨설팅센터 부동산팀장

40대 이하 절반 이상이 무주택자이므로 신축 공급이 원활해야 한다. _윤지해, 부동산114 수석연구원

공급량은 일반분양 가구 수이다. 2025년에는 지금의 절반으로 감소할 것이다. _조영광, 대우건설 빅데이터 연구원

오르지 않을 것이라는 전망

지역별·유형별 격차가 커질 것이며, 추세적 급등세는 없을 듯하다. _김규정, 한국투자증권 자산승계연구소장

서울서 경기로 이동하는 인구가 상당하기 때문에 공급 영향은 제한적일 것이다. _김효선, NH농협은행 부동산전문위원

공급 부족이 상승 요인은 맞지만, 글로벌 경제 등 외생변수를 주목해야 한다. _박원갑, KB국민은행 부동산수석전문위원

올해 역전세가 늘어날 것이다. 하반기부터 경매·급매가 쏠아질 듯하다. _백광제, 교보증권연구원

2030세대 1인 가구 증가세가 계속될까? 과거의 해석은 한계가 있다. _이창무, 한양대 도시공학과 교수

실제 현재 부동산 시장에는 가격 상승의 요인과 가격 하락의 요인이 혼재되어 있습니다. 주택 인허가와 착공 물량의 급감은 전자의 대표적인 예이며, 여전히 높은 금리와 중국발 경제 위기 등은 후자의 예입니다.

주택 건설 물량 현황

2023년 7월 누계 기준, 단위: 만 호

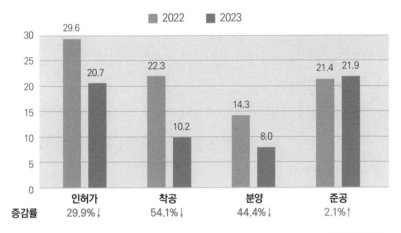

자료: 국토교통부

시장 가격에 영향을 미치는 요인이 서로 충돌하고 있기 때문에 전문가들의 시장 전망이 제각각인 것은 어쩌면 당연합니다. 실제 어떤 전망이 현실화되더라도 이상할 것이 없어 보입니다. 모두 다 나름의 근거에 입각한 주장들이니까요.

하지만 원래 전문가들의 전망은 결정적인 변곡점을 맞히지 못할 뿐만 아니라, 시장의 상황에 따라 수시로 바뀌어 왔습니다. 참고만 해야지,

이를 전적으로 믿고 의지하여 의사 결정을 내려선 안 됩니다. 그들은 우리의 투자에 아무런 책임을 지지 않습니다. 또한 각자 처한 상황이 다르기 때문에, 이에 관한 고려 없이 전체를 아우르는 시장 전망은 별로 도움이 되지 않을 수도 있습니다.

이럴 때일수록 우리는 기본에 따라서 판단해야 합니다. **전문가의 의견이나 분위기에 휩쓸리지 말고, 듣고 싶은 말만 듣는 낙관적인 편향에 빠지지 않아야 합니다. 자신이 처한 상황을 객관적으로 인식하고, 이를 통해 기준을 설정해야 합니다.** 전문가의 전망대로 시장이 흘러가든 그렇지 않든, 우리는 시장에서 살아남아야 하고 우리의 투자는 실패해선 안 되기 때문입니다.

그렇다면 현재 시점에서 무주택자, 1주택자, 다주택자의 부동산 시장 포지션은 어떠해야 할까요? 제가 생각하는 포지션별 대응 전략을 한번 정리해 보겠습니다.

1. 무주택자

무주택자의 가장 큰 두려움은 아마도 '괜히 집 샀다가 떨어지기라도 하면 큰 손해 보는 거 아냐?'일 겁니다. 맞습니다. 그럴 수 있습니다. 몇 달 주춤하고 마는 것이 아니라 상당히 긴 기간 동안 하락할 수 있습니다.

하지만 집은 투자재이기 이전에 내가, 그리고 우리 가족이 행복하게 거주하는 공간입니다. 행복한 일상을 영위하는 베이스캠프입니다. "남의 집 전월세로 거주하면서도 행복하다"라고 한다면 더 할 말은 없지만, 아마 여러모로 불편한 점이 많을 겁니다. 내 공간에 대한 애착도 생기지 않게 되고요.

여력이 되면 실거주할 집 1채는 매수하는 것이 좋습니다. 내 집 마련에 너무 늦은 시기란 없습니다. 요즘처럼 고점 대비 30% 하락해 있는 시기에 내 집을 마련하지 않는다면, 언제 하겠다는 건가요? '추가로 더 떨어지면 어쩌나' 하는 걱정보다 '한번 사면 충분히 오르기 전엔 절대 팔지 않겠다'는 굳은 결단이 있어야 합니다. 이런 의지라면 매수한 집의 가격은 반드시 오릅니다. 믿고 기다리면 됩니다.

2. 1주택자

현재 1주택을 보유하고 있다면, 다음 두 가지 중 하나를 반드시 선택해야 합니다. **첫 번째는 지금 보유한 것보다 더 좋은 상급지로 갈아타는 것입니다.** 산본을 팔고 평촌으로, 구미를 팔고 대구로 가는 것입니다. 상승장 같았으면 갈아타는 데 2억 원은 필요했을 텐데, 지금은 6,000만~7,000만 원이면 되기 때문이죠. 상급지로 갈아타 두고 다음 상승장을 기다려야 합니다.

두 번째는 추가 주택을 매수하는 것입니다. 여유 자금을 활용해서 1채 더 매수해 두는 것입니다. 소수의 일부 지역을 제외하고는 현재 추가 주택 매수 시 취득세가 중과되지 않습니다. 추가 주택을 매수하기 좋은 조건이라는 것입니다. 다시 상승장이 되고 정부 규제가 강화되면 추가 주택 매수에 제한이 걸릴 수 있습니다. 또한 1채보다는 2채를 가지고 다음 상승장에 진입하는 것이 자산의 크기를 크게 키우는 방법이기 때문입니다.

1주택자는 위의 첫 번째, 두 번째 중 어느 것이든 반드시 하나는 선택해야 합니다. 아무런 선택도 하지 않고 지금 이 시기를 그냥 강 건너 불구경하듯이 봐선 안 됩니다.

3. 다주택자

다주택자 투자자들의 상황은 제각각이기 때문에 일률적인 대응 전략을 정하긴 어렵지만, 큰 기조는 포트폴리오 재편입니다.

쉽게 이야기하면, 못난이 물건을 정리하고 좋은 물건 중심으로 포트폴리오를 재구성해 두고 상승장을 기다려야 한다는 것입니다.

지금과 같은 하락장, 그리고 본격적인 상승장에 돌입하기 전에 투자금이 크게 들어가는 볼륨 있는 투자를 해야 합니다. 조금 욕심을 내더라도 포트폴리오에 좋은 물건 하나는 담아 둬야 합니다. 이를 가능케 하는 투자금을 확보하기 위해 일부 자산을 정리하고 자금을 합쳐야 하는 것이고요.

물론 그렇다고 손해 보면서까지 안 좋은 것들을 다 던지라는 의미는 아닙니다. 작은 이익에 연연하기보다는 조금 아쉽더라도 그 정도에서 만족하고, 더 큰 투자로 보상받을 수 있는 전략을 선택하는 것이 현명하다는 이야기입니다.

어떤 지역의 어떤 보유 물건도 순서가 있기 마련입니다. 매도를 한다면 후순위부터입니다. 상대적으로 가치가 가장 떨어지는 것부터 매도해서 자금을 모아야 합니다.

아직 시장은 본격적인 상승장으로 진입하기 전입니다. 대부분 지역에서 고점 가격을 회복하지 못했습니다. 시장의 위기와 기회가 공존하고 있기 때문입니다. 이때를 놓치지 말고 잘 활용해야 합니다. 언젠가 시장은 위기 요소를 모두 제거하고 상승을 시작할 것입니다. 그 전에 각자의 포지션에 맞는 전략과 실행이 필요합니다. 그것이 상승장을 준비하는 우리의 자세입니다.

하락장에서는 얼마나 하락할까?

투자의 세계에서 가격이 오르고 내리는 것은 늘 있는 일상적인 일입니다. 항상 오르기만 하거나 내리기만 하는 시장은 없습니다. 따라서 우리는 너무 한쪽에 치우치지 말아야 합니다. **상승기의 달콤함에 너무 취해선 안 되며, 하락기에도 지나친 비관에 빠져선 안 됩니다. 상승장에 끝이 있듯이 하락장도 언젠가 끝납니다.**

2022년 초부터 시작된 부동산 시장의 하락이 1년 넘게 지속되고 있습니다. 올해 들어 서울을 비롯한 수도권, 광역시 핵심지를 중심으로 반등의 모습이 나타나고 있으나. 그 외 많은 지역에서는 여전히 하락이 진행 중이거나 횡보인 상태에서 반등하지 못하고 있습니다.

그럼 도대체 하락장은 얼마 동안 진행되고, 얼마만큼 가격이 하락할까요? 이 질문을 던지는 이유는, 그리고 이 질문에 나름의 답을 찾아야 하는 이유는, 그래야만 하락장에서 자신만의 목표와 전략으로 대응할 수 있기 때문입니다.

2000년 이후 몇몇 지역의 하락장 흐름을 비교해 보며 투자 대응 전략을 찾아보도록 하겠습니다.

강남부터 가 볼까요?

서울시 송파구 잠실엘스(전용 84)

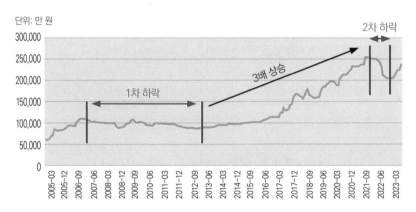

(KB부동산 매매가-일반평균가 기준)

1차 하락	2차 하락
최고가 10억 7,500만 원(2007. 3.) 최저가 8억 4,500만 원(2013. 2.) 하락률 21%	최고가 25억 5,000만 원(2022. 1.) 최저가 20억 5,000만 원(2023. 3.) 하락률 19.6%

경기도 안양시 동안구 평촌동 귀인마을현대홈타운(전용 80)

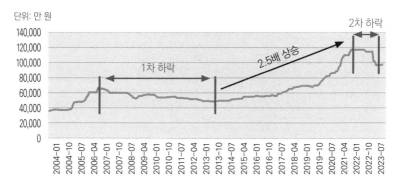

단위: 만 원

(KB부동산 매매가-일반평균가 기준)

1차 하락	2차 하락
최고가 6억 5,000만 원(2007. 1.) 최저가 4억 7,500만 원(2013. 9.) 하락률 26%	최고가 11억 7,500만 원(2022. 7.) 최저가 9억 7,000만 원(2023. 7.) 하락률 17.4%

경상남도 창원시 성산구 반림동 노블파크(전용 84)

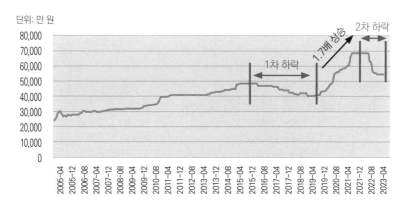

단위: 만 원

(KB부동산 매매가-일반평균가 기준)

1차 하락	2차 하락
최고가 4억 8,000만 원(2016. 7.) 최저가 4억 원(2019. 9.) 하락률 16.6%	최고가 6억 8,000만 원(2022. 10.) 최저가 5억 4,000만 원(2023. 8.) 하락률 20.6%

충청북도 청주시 서원구 개신동 청주개신2단지뜨란채(전용 59)

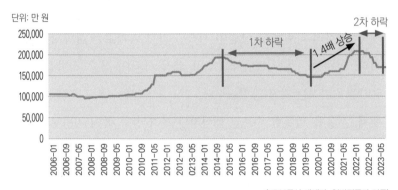

(KB부동산 매매가-일반평균가 기준)

1차 하락	2차 하락
최고가 1억 9,500만 원(2015. 3.) 최저가 1억 4,500만 원(2020. 4.) 하락률 25.6%	최고가 2억 1,000만 원(2022. 6.) 최저가 1억 7,000만 원(2023. 8.) 하락률 19%

서울을 비롯해서 수도권과 지방까지 무작위로 단지를 하나씩 골라 하락장 기간 시세의 변화, 반등 폭 등을 살펴보았습니다. 이를 통해 우리는 네 가지 정도의 의미를 발견할 수 있을 것 같습니다.

첫째, 상승하면 하락하기 마련입니다. 계속해서 오르기만 하고 계속해서 내리기만 하는 지역이나 단지는 없습니다. 아무리 사람들이 선호하는 서울의 잠실이라도 하락장에서는 예외 없이 하락하였습니다.

둘째, 가격이 비싼 곳이 더 많이 떨어졌습니다. 절대액을 기준으로 그렇습니다. 2차 하락 시 잠실엘스는 5억 원 하락했지만, 귀인마을현대홈타운은 2억 원 하락했습니다. 절대액으로는 가격이 비싼 곳이 많이 떨어졌지만, 하락률은 20% 내외로 비슷했습니다.

셋째, 아무리 하락해도 상승이 시작된 가격 아래로는 하락하지 않았습니다. 청주개신2단지뜨란채의 2차 가격 하락이 상승 시작점인 1억 4,500만 원까지는 가지 않았습니다.

넷째, 서울을 비롯한 수도권 핵심지의 가격 반등 폭이 지방보다 컸습니다. 1차 가격 하락 최저점을 찍고 잠실엘스는 3배, 귀인마을현대홈타운은 2.5배, 노블파크는 1.7배, 청주개신2단지뜨란채는 1.4배 상승했습니다. 지역별, 단지별 격차가 현격하게 벌어진 것은 다름 아닌 입지의 차이 때문입니다.

이렇게 찾은 네 가지의 의미를 통해 우리는 앞으로 어떤 투자 전략을 세워야 할까요?

첫째, KB부동산 매매가-일반평균가를 기준으로는 20% 하락, 실거래가를 기준으로는 30% 하락을 바닥시세를 잡는 기준으로 사용하는 것입니다. 잠실엘스의 경우에는 20억 5,000만 원 바닥시세를 기준으로 반등하고 있으며, 나머지 단지들도 바닥시세 수준에서 더 떨어지지 않고 횡보하는 모습을 보이고 있습니다. 잠실엘스와 마찬가지로 나머지 단지들도 지금의 바닥시세를 기준으로 반등할 것으로 예상해 볼 수 있겠습니다. 따라서 KB부동산 매매가-일반평균가 기준 20%, 실거래가 30% 기준에서 아직 반등하지 않은 지역과 단지가 있다면 투자 진입을 검토해 볼 수 있는 것이죠.

둘째, 하락장을 활용해서 반드시 서울을 비롯한 수도권 핵심지로 갈아타거나 추가 주택을 매수해야 한다는 것입니다. 지난 1차 하락 이후 반등장에서도 그런 모습이 나타났지만 사람들의 수요가 몰리는 상급지의 상승 폭이 상대적으로 그렇지 못한 하급지의 상승 폭보다 압도적으로 높았습니다. 그렇다면 2차 하락 이후 반등장에서도 그와 비슷한 모습을 짐작할 수 있겠죠? 무리는 아니라고 생각합니다. 실제 앞의 4개 단지 중 가장 상급지라고 할 수 있는 잠실엘스부터 현재 가장 먼저 반등하고 있으니까요.

연일 하락하는 시장의 한가운데 뛰어들어 특정한 가격에 매수를 한다는 것은 절대 쉽지 않습니다. 내가 매수한 가격이 최저점이라면 좋겠지만, 내가 매수한 가격 아래로 더 떨어질 가능성도 있는 것이 하락장이기 때문입니다.

하지만 긴 안목에서 본다면 하락장 매수만큼 향후 수익을 극대화해 줄 투자도 없습니다. 당장 내가 매수한 가격에서 더 내려가는 것보다 훨씬 중요한 점은, 하락장을 활용해서 좋은 물건을 충분히 하락한 가격에 매수해서 보유하는 일입니다. 그런 상태로 상승장을 맞이해야 합니다.

어떤 시장도 영원히 하락할 수만은 없기 때문입니다. 실거래가 기준 고점 대비 30% 하락한 가격에 매수한다면 추가 하락의 가능성보다는 반등의 가능성에 더 높은 점수를 줘야 하지 않을까요?

물론 투자에서 100%라는 것은 없기 때문에 고점 대비 30% 하락한 가격에 매수해도 추가 하락할 수 있습니다. 하지만 어디가 최저점 바닥 가격일지는 누구도 알 수 없습니다. 그것은 신의 영역입니다. 그저 우리는 과거를 살펴서 합리적인 기준을 추론해 미래를 짐작해 볼 수밖에 없습니다.

하락장 매수에서는 하락률과 매수 목표가에 대한 나름의 기준이 필요합니다. 기준이 있어야 남과 다른 길을 가는 청개구리 투자자가 될 수 있습니다. 그래야 남들 뒤꽁무니만 따라다니는 수동적인 투자자가 아니라, 스스로 생각해서 결정하고 행동하는 적극적이고 능동적인 투자자가 될 수 있는 것입니다.

직전 상승장 고점 대비 KB부동산 매매가-일반평균가는 20% 하락, 실거래가는 30% 하락을 기준으로 삼아 서울을 비롯한 수도권 핵심지의 물건을 탐색해 보기 바랍니다.

하락장에서 조심해야 할 3가지

가족 여행을 다녀오던 길이었습니다. 휴게소 셀프 주유소에 들렀는데, 어떤 두 사람이 서로 먼저 기름을 넣겠다고 싸우고 있었습니다. 누가 먼저 줄을 섰는지를 두고 서로 따지고 있는 것이었습니다. 처음에는 남자 둘이 싸우더니 나중에는 온 가족이 모두 출동하여 싸우는데, 참 가관이었습니다. 먼저 주유해 봐야 5분 빠른 것이고 나중에 넣어 봐야 5분 늦는 것인데, 볼썽사나운 모습을 보고 있자니 한편으론 그런 생각이 들더군요.

'작은 것이 화를 부르는 요즘이 아닌가?'

암울한 경제 상황 탓인지 사람들의 마음에도 여유가 없고, 그 때문에 우발적인 사건도 많아지는 요즘 세태의 한 단면을 보는 듯한 기분이었습니다.

투자 시장이 지난 몇 년간의 상승장을 끝내고 하락장으로 돌아서면서 많은 사람이 고통받고 있는 요즘입니다. 특히 금리 인상으로 인한 이자 부담이 가중되고 거래 부진에 따라 돈이 돌지 않는 돈맥경화가 심화되면서, 이러한 어려움이 극단적인 선택으로 이어져 사회문제가 되기도 합니다.

잘 나가고 잘 풀릴 때도 조심해야 하지만, 잘 안 풀릴 때 더 조심해야 합니다. 잘 풀릴 때의 조심 지수가 10이라면, 잘 안 풀릴 때의 조심 지수는 100입니다. 요즘처럼 뭐든 뜻대로 되지 않는 시장 분위기 속에서 우리는 과연 무엇을 조심해야 할까요? 하락장에서 조심해야 할 3가지를 이야기해 보겠습니다.

1. 건강

이럴 때 아프면 안 됩니다. 이럴 때 아프면 본인은 물론이고 가족에게도 큰 짐이 됩니다. 재정 여건이 좋지 않은 상태에서 큰 병원비가 들어간다거나, 경제활동을 중단해야 한다면 가정 전체가 휘청일 수밖에 없습니다. 하락장에서는 건강관리에 특히 더 신경 써야 합니다. 앓는 데는 장사가 따로 없습니다.

육체적인 건강을 위해서는 꾸준히 운동해야 합니다. 운동을 하면 밥맛이 좋습니다. 음식을 맛있게 먹으면 행복감이 생깁니다. 또 운동을 하면 몸이 적당히 피곤해져 밤에 잠을 잘 잘 수 있습니다. 잘 먹고 잘 자고 잘 웃고, 선순환이 되는 것입니다. 정신적인 건강을 위해서는 스트레스 관리를 잘해야 합니다. 스트레스는 욕심에서 시작될 때가 많습니다. 조금 손해를 보더라도 기꺼이 해 주는 마음을 낼 때, 지금 내가 가진 것에 만족하고 감사하는 마음을 가질 때, 스트레스를 멀리할 수 있습니다.

건강은 미병일 때 빨리 조치해야 합니다. 몸이 좀 무겁다 싶으면 식사량을 줄이고 술과 담배를 끊고 매일 만 보 이상 걸으면 병을 미연에 방지할 수 있습니다. 생활 속에서 무심히 넘긴 습관들이 큰 병을 만드는 것이기 때문에 병을 키우지 않으려면 나의 습관을 들여다봐야 합니다.

당연한 말이지만, 건강한 사람만이 살아남습니다. 살아남는 자가 강한 자이고요. 살아남아야 다음 상승장에서 좋은 기회를 또 잡을 수 있는 것 아니겠습니까? 건강을 잃으면 모든 것을 잃는 다는 점을 꼭 명심해서 평소 건강관리를 잘 해 두는 것이 중요합 니다.

2. 인간관계

특히 가족 관계가 중요합니다. 이런저런 걱정과 불안이 많은 시 기입니다. 짜증도 많이 날 수 있습니다. 하지만 그 짜증이 사랑하 는 가족에게 향해선 절대로 안 됩니다. 종로에서 뺨 맞고 가족에 게 화를 내면 안 됩니다. 내가 한 투자에 가족은 책임이 없습니 다. 모두 내 책임입니다.

가족에게 짜증 내고 화내면 가족과 멀어집니다. 돈 때문에 가 족과 불화가 생긴다면 이것이야말로 소탐대실입니다. 뭐가 더 중 요한지 모르는 것입니다. 오히려 이럴 때일수록 친절해야 합니다. 다정다감한 배우자, 부모가 되어야 합니다. 말 한마디라도 살갑 게, 위트 있게 해야 합니다.

저는 일이 잘 풀리지 않는다 싶으면 가족들과 근교라도 여행을 떠납니다. 그리고 숙소에 있는 모든 이불을 거실에 쫙 펴 놓고 다 같이 누워 잡니다. 평소에는 각자 방에서 떨어져 자지만 여행 가 서는 같이 잡니다. 살을 부대끼는 겁니다. 장소와 분위기를 바꾸 고 스킨십을 통해 가족과 정을 나누면 다시 좋은 기운을 얻는 느껌을 받습니다. 한집에 살고 매일 얼굴을 보는 사이지만 가끔은 새로운 시간과 경험, 공간이 필요합니다.

가족 이외의 사람에게도 항상 밝은 모습을 보일 수 있도록 노력해야 합니다. 자연스레 되면 좋겠는데, 잘 안되기 때문에 의도적으로 노력해야 합니다. 우리는 혼자 살 수 없습니다. 같이 어울려 살아야 합니다. 사람 때문에 힘들기도 하지만, 사람 덕분에 희망을 얻기도 합니다. 나부터 좋은 사람이 되어야 합니다. "군자는 혼자 있는 것을 피한다"고 공자는 말했습니다. 주변의 좋은 사람들을 챙기고. 서로 좋은 에너지를 주고받는 소통이 필요한 요즘입니다.

3. 회사

시쳇말로 회사에서 잘리면 안 됩니다. 회사가 매달 꼬박꼬박 지급하는 월급의 가치가 요즘 무척 커졌습니다. 월급의 많고 적음은 중요하지 않습니다. 월급의 가치는 일상을 계획할 수 있게 돕는다는 데 있습니다. 이럴 때 회사에서 잘리기라도 하면 가정 경제에 직격탄이 될 수 있습니다.

회사에 감사하는 마음으로 일에 조금 더 신경을 써야 합니다. 평소보다 30분 더 일해 주는 것입니다. 주어진 일을 성실히 완수하는 것은 물론이고, 주변 사람의 일도 도와주면 좋습니다. '내 일도 아니고 네 일도 아닌 애매한 일은 그냥 내가 하지 뭐'라는 마음을 내는 것입니다. 이럴 때 회사와 동료들에게 좋은 이미지를 남기면 좋은 인사고과를 받아 승진할 수 있습니다. 요즘은 어디나 다면평가가 대세입니다. 승진하면 월급만 오르나요? 자신감도 오릅니다. 승진은 성공 경험이기도 합니다. 일거양득입니다.

옛말에 '계곡 위에 선 듯하다'라는 말이 있습니다. 조심성, 경건한 마음, 겸손, 상서로운 마음씨 등을 얘기한 것입니다. 투자 세계에선 짧고 굵은 것보다 길고 가늘게 해 나가는 사람이 결국 위너입니다.

개그맨 이경규 씨가 〈2022년 MBC 연예대상〉에서 공로상을 수상하면서 말한 소감이 화제였습니다.

흔히 박수 칠 때 떠나라는데, 박수 칠 때 왜 떠나냐는 겁니다. 박수 칠 때 떠나는 건 미친 짓이라고, 아무도 박수 치지 않을 때까지 오래 활동하겠다고 소감을 밝혔습니다.

이경규 씨처럼 큰 기복 없이 오래 활동해 온 연예인은 드뭅니다. 매사 조심히, 지나친 욕심을 부리지 않고 해 온 결과라고 생각합니다. 그의 소감을 들으며 저는 우리의 투자도, 우리의 인생도 그러해야 한다고 생각했습니다. 좋을 때 안 좋아질 것을 염려하고 안 좋을 때 다시 좋아질 것을 이해한다면, 우리는 현명한 사람이 될 수 있습니다. 현명하게 인생을 살아갈 수 있고 현명하게 투자해 나갈 수 있습니다.

$$성공 1 = A \times B \times C$$
$$성공 2 = A + B + C$$

성공에는 두 가지 종류가 있습니다. 흔히 곱셈이 덧셈보다 더 크고 더 빠른 성공을 만들어 낸다고 생각하지만, 꼭 그런 것은 아닙니다. 곱셈의 치명적인 약점은 A든 B든 C든 하나만 0이면 나머지가 아무리 커도 결괏값이 0이라는 점입니다. 반면에 덧셈은 설사 C 하나가 0이어도 A, B 값은 남습니다. 파이를 빨리 크게 키우진 못해도 더 안전한 것입니다.

부의 추월 차선에 너무 욕심내지 말기 바랍니다. 추월 차선에 올라타서 진짜 추월할 수 있는 사람은 우리와 같은 평범한 사람이 아닙니다. 특출 난 능력이 있어야 합니다. 우리가 추구해야 할 방향은 안전한 서행 차선입니다. 그것이 더 현실적이고 실현 가능한 방법입니다. 몇 킬로의 속도로 달리느냐는 중요하지 않습니다. 안전하게 목적지에 도달하는 것이 훨씬 더 중요합니다. 곱셈에 욕심내지 않아도 됩니다. 덧셈으로도 충분합니다.

투자 시장의 분위기가 좋진 않지만, 언제까지 계속 그럴 수만은 없습니다. 세상사 부침이 있듯, 좋았다가 안 좋아졌다가 다시 좋아지는 것이 이치입니다. 이럴 때 조심해야 합니다. 건강, 가족, 회사 뭐 하나라도 소홀해선 안 됩니다. 문제가 발생하지 않도록 더 세심한 주의를 기울여야 할 때입니다.

최적의 진입 타이밍을 위한
5가지 지표

"부동산 투자에서 입지가 중요하냐, 타이밍이 중요하냐"라고 누군가 저에게 묻는다면, 저는 주저 없이 '타이밍'이라고 답할 것입니다. 아무리 입지가 좋은 아파트라도 너무 많이 오른 늦은 타이밍에 진입하는 것은 좋은 투자가 아닙니다. 반대로 입지는 조금 떨어져도 최적의 타이밍에 진입한다면 작은 투자금으로도 수익을 극대화할 수 있습니다.

따라서 순서로는 타이밍이 먼저입니다. 그다음이 입지고요. 물론 두 가지 모두 동시에 충족한다면 더할 나위 없이 좋겠지만, 하나를 선택해야 한다면 타이밍이 입지보다 더 중요하다는 점을 기억해야 합니다.

좋은 타이밍에 투자를 시작하면 두 가지 장점이 있습니다. 첫 번째는 저평가된 물건을 싸게 매수함으로써 수익을 극대화할 수 있다는 점이고, 두 번째는 곧 상승 흐름으로 전환되는 물건을 적기에 매수함으로써 적당한 보유 기간을 가져갈 수 있다는 점입니다.

그럼, 어떻게 하면 부동산 투자에서 최적의 진입 타이밍을 잡아 낼 수 있을까요? 최적의 진입 타이밍을 알아채는 5가지 지표를 소개해 봅니다.

1. 매매가격지수와 거래 현황

결론부터 이야기하면, 매매 시세가 바닥을 다지는 가운데 거래량이 터지면 상승 흐름의 신호탄일 수 있습니다. 한국부동산원 부동산통계정보시스템의 '복수통계' 메뉴를 통해 이를 확인해 보도록 하겠습니다.

1) 지역 선택 '시군구별' – '충북' '청주시' 선택 – 기간 선택 '2015년 1월 ~2023년 8월'

2) 전국주택가격동향조사 – 월간동향 – 아파트 – 매매가격지수

3) 부동산거래 – 아파트매매 거래현황 – 월별 행정구역별

4) 조회 버튼 클릭

2015년 이후 청주의 아파트 매매가격지수와 거래 현황 차트입니다.

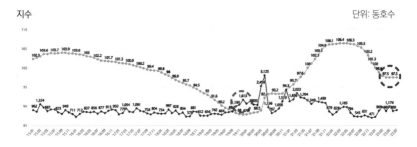

2015년 이후 줄곧 고만고만하던 청주의 아파트 거래량은 2019년 12월 전고점을 돌파하며 크게 터지는 모습이 나타납니다(빨간색 원). 거래량이 터지면서 그간 계속 하락하던 매매가격지수도 횡보하면서 바닥을 다지기 시작했습니다. 매매 시세 바닥권에서 터지는 거래량은 추후 상승 흐름의 신호탄이 될 수 있다고 하였는데, 청주의 대표 단지인 복대동 신영지웰시티의 2019년 12월 이후 모습은 어땠을까요? 다음 그림에서 보는 바와 같이 12월을 기점으로 본격적인 상승 흐름이 시작되었음을 알 수 있습니다.

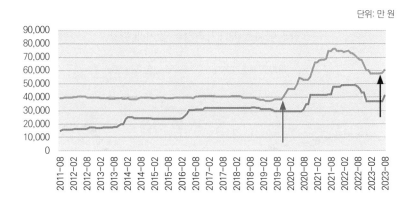

신영지웰시티(128㎡) 매매·전세 시세

매매가   전세가

단위: 만 원

최근 청주의 매매가격지수 흐름도 주목해 볼 만합니다(파란색 원). 그간 계속 하락하던 매매가격지수가 횡보하기 시작했으며, 신영지웰시티 시세 또한 바닥을 찍고 상승하는 모습이 나타나고 있습니다. 이런 흐름 속에서 거래량이 크게 터지는 모습이 나타난다면 청주 부동산 시장의 본격적인 상승을 예상해 볼 수 있겠습니다.

이번엔 울산 남구로 가 보겠습니다.

울산 남구 아파트 매매가격지수 및 거래 현황

—— 아파트 매매가격지수　　■—— 아파트 매매(월별)

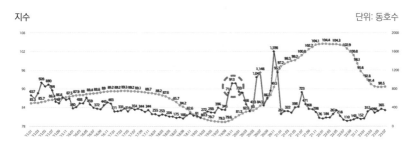

　　울산 남구는 2019년 봄부터 서서히 거래량이 늘기 시작하더니 10~11월경 전고점을 돌파하며 크게 터졌습니다(빨간색 원). 이후 매매가격지수도 바닥을 찍고 조금씩 우상향하는 모습을 보였고요.

　　2019년 가을 상승 흐름의 신호탄을 직감한 저는 울산 남구로 내려가 당시 입주 중이던 울산힐스테이트수암1단지 84형을 4억 3,000만 원에 매수했습니다. 2019년 가을을 기점으로 상승 흐름이 시작된 울산힐스테이트수암1단지는 채 1년도 되지 않아 8억 원을 돌파하는 모습을 보여주었습니다. 저는 이 물건을 2020년 10월 7억 원에 매도했습니다.

울산힐스테이트수암1단지(84㎡) 매매·전세 시세

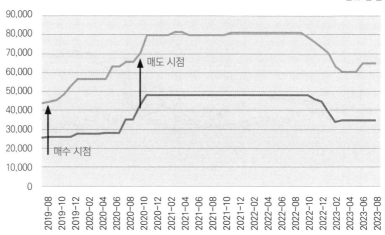

━━━ 매매가	━━━ 전세가

단위: 만 원

2021.09.	8억 4,600(28일,25층)	7억 9,500(25일,21층)
2021.08.	8억(26일,17층)	
2021.06.	7억 6,000(26일,10층)	
2020.10.	7억(24일,9층)	7억 6,000(20일,19층)
2020.09.	6억 9,300(13일,7층)	
2020.06.	6억 1,500(10일,7층)	
2020.01.	5억 5,500(11일,9층)	
2019.11.	5억 3,500(19일,23층)	
2019.10.	4억 7,590(9일,24층)	4억 2,250(4일,3층)
2019.09.	4억 6,620(23일,20층)	4억 5,990(21일,14층)
	4억 3,080(18일,9층)	4억 2,500(17일,7층)
	4억 5,400(11일,9층)	4억 2,990(10일,5층)
	4억 1,490(6일,9층)	4억 4,890(2일,22층)
	4억 2,090(2일,3층)	

청주와 울산 남구로 과거를 되돌아보았다면, 이번엔 세종으로 미래를 짐작해 보겠습니다.

세종 아파트 매매가격지수 및 거래 현황

위의 그래프는 2022년 11월 세종의 매매가격지수와 월별 아파트 매매 거래 현황입니다. 매매가격지수는 하락하고 있으며 거래량은 바닥입니다. 앞으로의 모습을 전망해 보자면, 추세적으로 매매가격지수는 더 하락할 가능성이 높아 보입니다. 그러다가 일정 수준에 도달하면 횡보하는 모습을 보일 것이고요. 그런 흐름 속에서 거래량이 평균을 훨씬 상회하는 수준으로 터진다면, 상승장으로의 전환을 예상할 수 있겠죠.

2023년 8월 현재 세종은 어떤 모습일까요? 그건 여러분의 숙제로 남겨 두겠습니다. 한국부동산원 부동산통계정보시스템에 접속해서 직접 확인해 보기 바랍니다. 과연 저의 예상이 맞았을까요?

2. 미분양

결론부터 이야기하면, 미분양이 급감하는 모습을 보일 때가 좋은 진입 타이밍입니다. 국토교통부 통계누리의 '통계마당' 메뉴를 통해 이를 확인해 보겠습니다.

홈페이지 '주택' – 통계명 '미분양주택현황보고' – '시군구별 미분양현황–
'관련파일' – '시군구별★' 탭 클릭

2017년 이후 원주 아파트 미분양 현황 차트입니다.

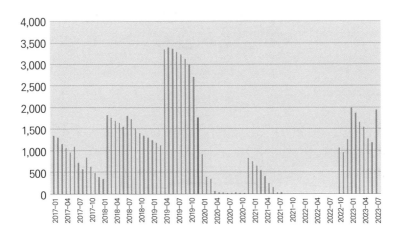

강원도 원주시 미분양 현황

2019년 4월부터 조금씩 감소하던 미분양 수치는 2019년 12월 급감합니다(빨간색 선). 2019년 11월 2,701개였던 미분양이 2019년 12월 1,763개로, 938개 줄어든 것이죠. 1월도 12월 대비 급감하였고, 2월도 1월 대비 급감하였습니다. 이렇게 많은 수의 미분양 물량이 어떻게 몇 달 만에 소진될 수 있었던 것일까요? 바로 외지 투자자의 진입 때문입니다. 이들이 원주 부동산 시장의 전망을 밝게 보고 선진입한 것입니다.

꼭 기억해야 할 점은 미분양이 꾸준히 조금씩 줄어드는 것이 아니라, 단기간에 급감할 때가 좋은 진입 타이밍이라는 사실입니다. 미분양이 급감하였던 2019년 겨울 이후 원주의 대표 단지인 무실동 우미린의 모습은 어땠을까요? 다음 그림에서 알 수 있듯이 본격적인 상승 흐름이 시작되었습니다.

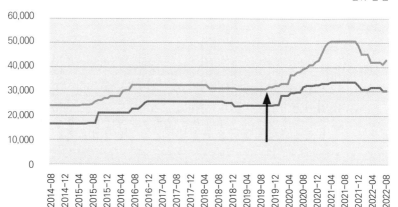

원주 무실동 우미(84㎡) 매매·전세 시세

상승 흐름의 신호탄을 직감한 저는 2020년 2월 원주로 내려가 더샵 원주센트럴파크3단지 59㎡를 2억 6,000만 원에 매수했습니다. 그리고 2022년 1월에 4억 원 조금 못 미치는 가격으로 매도하여 수익을 거뒀습니다.

2022.01.	3억 9,681(29일,21층)	3억 7,016(24일,20층)
	3억 9,586(7일,12층)	

2020.02.	2억 5,921(29일,20층)	2억 6,561(29일,24층)
	2억 6,701(29일,19층)	2억 4,721(29일,5층)
	2억 6,151(29일,9층)	2억 5,961(27일,9층)
	2억 6,781(26일,21층)	2억 5,801(24일,23층)
	2억 4,781(24일,6층)	2억 6,261(24일,9층)
	2억 6,991(23일,22층)	2억 6,991(23일,22층) 계약취소
	2억 7,071(23일,23층)	2억 6,451(22일,13층)
	2억 6,681(22일,16층)	2억 4,961(22일,9층)
	2억 5,961(21일,9층)	2억 5,391(21일,12층)
	2억 5,351(20일,11층)	2억 6,571(20일,15층)
	2억 7,861(19일,24층)	2억 6,681(19일,21층)
	2억 2,761(19일,2층)	2억 5,421(18일,15층)
	2억 6,551(18일,13층)	2억 6,081(18일,11층)
	2억 6,241(17일,12층)	2억 7,191(17일,26층)
	2억 6,531(14일,14층)	2억 5,801(12일,23층)
	2억 5,961(12일,9층)	2억 5,981(10일,26층)
	2억 4,161(10일,3층)	2억 6,361(10일,14층)
	2억 5,381(9일,11층)	2억 6,331(6일,11층)
	2억 6,231(6일,26층)	2억 5,991(6일,22층)
	2억 6,061(6일,24층)	2억 6,291(6일,27층)
	2억 6,621(6일,20층)	2억 5,681(5일,21층)
	2억 5,781(3일,6층)	2억 6,801(1일,23층)

2023년 7월 현재 원주의 미분양은 2,000개에 가까운 수준입니다. 2019년 12월처럼 미분양 물량이 급속하게 감소하는 모습이 나타날지 예의 주시할 필요가 있겠습니다.

이번엔 창원으로 가 보겠습니다.

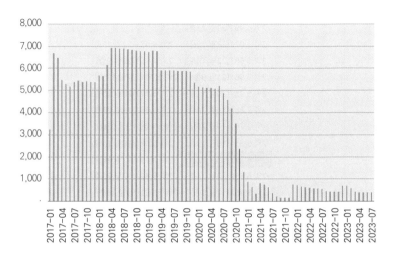

창원 미분양 현황

　창원의 미분양은 2020년 11월 급감합니다(빨간색 선). 2020년 10월 3,498개였던 미분양이 2020년 11월 2,349개로, 1,149개 줄어든 것이죠. 이 역시 외지 투자자의 진입 때문이었습니다. 2020년 가을 이후 마산합포구 교원동의 대표 단지인 무학자이의 시세를 살펴보면 오른쪽 위의 그림과 같습니다. 2020년 가을 이후 본격적인 상승 흐름이 시작되는 모습입니다.

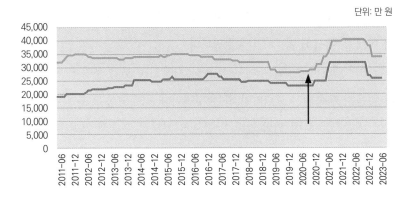

무학자(84㎡) 매매·전세 시세

━━ 매매가   ━━ 전세가

단위: 만 원

원주와 창원의 과거를 되돌아보았다면, 이번엔 대구의 미래를 짐작해 보겠습니다. 달서구입니다.

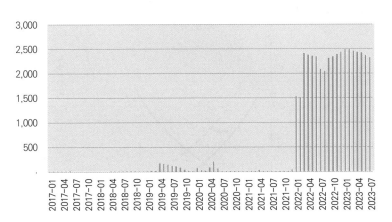

대구 달서구 미분양 현황

2023년 7월 대구 달서구의 미분양 현황입니다. 2,000호가 넘는 미분양 물량이 여전히 해소되지 않고 있습니다. 현재 2,000~2,500호 구간의 미분양 물량이 어느 시점 1,500호 수준으로 급감한다면, 원주와 창원의 사례에서처럼 이는 외지 투자자의 진입을 의미하며 곧 상승장으로의 변화를 예상해 볼 수 있는 것입니다.

우리가 앞으로 할 일은 대구 부동산 시장의 미분양 물량에 어떤 변화가 있을지 계속해서 모니터링 하는 것입니다. 국토교통부 통계누리 사이트에 매달 접속하여 위와 같은 방법으로 차트를 꾸준히 그려 보기 바랍니다. 대구 부동산 시장의 변화는 미분양에서 시작될 가능성이 큽니다.

3. 매도자 수와 매수자 수

수요공급의 법칙에 따르면 가격이 오르는 조건은 두 가지 중 하나입니다. 수요가 증가하거나 공급이 감소하는 것입니다. 그래프로 표현하면 다음과 같습니다.

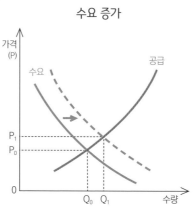

수요 증가

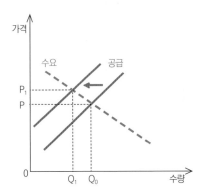

공급 감소

부동산 가격이 오르는 원리 또한 수요공급의 법칙에서 예외일 수 없습니다. 그럼 부동산 가격이 오르는 것은 수요 증가 때문일까요, 아니면 공급 감소 때문일까요?

정답은 둘 다입니다. 다만, 부동산 시장에서는 이 두 가지 요인이 시차를 두고 발생합니다. 특히 상승장 초반에는 공급 감소가, 상승장 중·후반에는 수요 증가가 가격 상승을 견인한다는 차이가 있습니다.

충분한 안전 마진을 가진 수익성 높은 투자가 되기 위해서는 상승장 초반에 진입하는 것이 중요합니다. 수요 증가가 견인하는 상승장 중·후반에 진입하는 것은 이미 오를 대로 오른 시장에 뒤늦게 뛰어드는 일일 수 있습니다.

따라서 상승장 초반에 공급이 감소하는 시장의 신호를 적절히 읽어낼 수 있다면, 최적의 진입 타이밍을 발견할 수 있는 것입니다.

KB부동산kbland.kr 주간 시계열 통계자료를 가지고 상승장 초반의 시장 신호를 확인해 보겠습니다.

메뉴 – KB통계 – 주간통계 – 엑셀파일 클릭 – 7.매수매도

엑셀 데이터는 특정 시점 기준 지역별 매도자와 매수자의 많고 적음을 나타내고 있습니다. 울산으로 다시 가 보겠습니다.

울산 매수·매도 추이

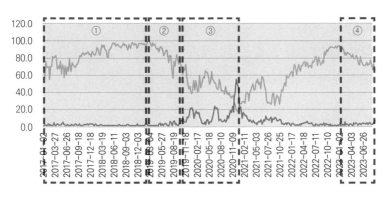

2018년 말까지 울산 부동산 시장의 매수자 수는 거의 0에 가까웠습니다. 반면 매도자 수는 60에서 100으로 점차 증가하고 있었고요. 절대적으로 매도자가 많았던 시기였고, 당연히 시장의 분위기는 차가웠습니다(① 구간).

그러던 시장에 변화의 움직임이 감지된 것은 2019년 초입니다. 2019년 초부터 2019년 여름까지, 여전히 매수자는 0에 가까웠지만 매도자 수는 조금씩 감소하는 추세를 보이기 시작한 것입니다(② 구간).

시장에 참여한 매도자 수가 줄어든다는 것은 매도자들이 물건을 거둬들이기 시작했음을 의미합니다. 이것은 공급 감소를 뜻합니다.

수요에는 조금의 변화도 없는 상태에서 공급이 감소하기 시작한 것이죠. **수요공급의 법칙상 가격 상승이 시작된 것이고, 이 구간이 바로 울산 부동산 시장에 진입할 좋은 타이밍이었습니다.**

2019년 가을 이후의 상승장을 견인한 것은 매수자였습니다. 여름까지만 해도 미동 없던 매수자들이 나타나기 시작한 것입니다. 2019년 가을 이후 울산 부동산 시장의 가격 상승 원인은 수요 증가 때문이었고, 2020년 가을 매수자 수는 절정에 달합니다(③ 구간).

그럼, 2019년 봄 울산 부동산에 투자한 사람과 2020년 가을 울산 부동산에 투자한 사람은 어떤 차이가 있을까요?

롯데캐슬골드(84㎡) 매매·전세 시세

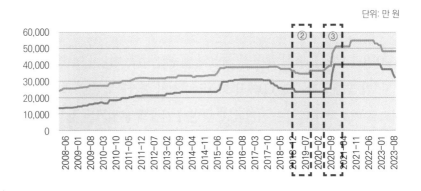

울산 남구 야음동 롯데캐슬골드입니다. ② 구간인 2019년 봄 3억 4,000만 원이면 매수할 수 있었던 물건을 ③ 구간인 2020년 가을에는 4억 7,000만 원을 줘야 매수할 수 있었습니다. 1억 3,000만 원 더 비싸게 샀으니 수익 면에선 그만큼 손해를 본 것이죠. 이처럼 진입 타이밍은 수익과 직결됩니다.

자, 그렇다면 2023년 9월 현재 울산 부동산 시장은 어떤 상황인가요? ② 구간과 비슷한 모습입니다. 매도자들이 물건을 거둬들이고 호가를 조금씩 올리기 시작하고 있는 것이죠. 따라서 지금 울산은 투자 진입을 검토해 볼 만할 때입니다. **매수자 수가 바닥인 상태에서 매도자 수가 지속적으로 하락하고 있는 구간이 진입 시점으로 좋은 타이밍이라는 사실, 꼭 기억하기 바랍니다.**

4. 매매가격전망지수

이번에는 KB부동산 월간 시계열 통계자료 중 매매가격전망지수를 가지고 상승장 초반의 시장 신호를 찾아보겠습니다.

> 메뉴 – KB통계 – 월간통계 – 엑셀파일 클릭 – 25. KB부동산 매매가격 전망지수

엑셀 데이터 하단에는 이 매매가격 전망지수에 대한 설명이 있는데요. 중개업소 소장님을 대상으로 한 설문 조사 결과라는 것을 알 수 있습니다.

> * 본 통계는 표본 중개업소를 대상으로 표본 설문조사로 집계된 통계이오니 이용에 참고하시기 바랍니다.
> ※ KB부동산 매매가격 전망지수 = 100 +('크게상승'비중 x 1 + '약간상승'비중 x 0.5) – ('크게하락'비중 x 1 + '약간하락'비중 x 0.5)
> – KB부동산 매매가격 전망지수는 0~200 범위 이내이며 지수가 100을 초과할수록 '상승' 비중이 높음

상승 전망이 우세한지 하락 전망이 우세한지 좀 더 직관적으로 파악하기 위해, 지수에서 100을 차감하고 차트를 그려 보겠습니다. 부산입니다.

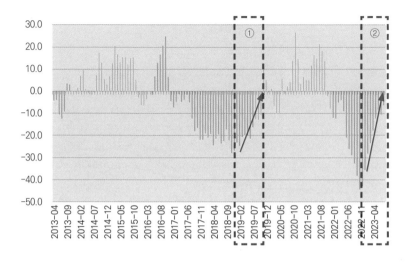

부산 매매가격전망지수

가로축을 기준으로 0보다 큰 구간은 상승 전망이 하락 전망보다 우세
한 기간이고, 0보다 작은 구간은 그 반대입니다.

**매매가격전망지수 데이터의 핵심은 하락 전망이 최저치를 찍고 점차
상승하는 구간이 최적의 진입 타이밍이라는 것입니다.** 2019년 상반기
로 가 보겠습니다(① 구간). ① 구간은 여전히 하락 전망이 상승 전망보
다 우세하지만, 하락 전망은 점점 감소하고 상승 전망은 점점 증가하는
시기이기도 합니다. 즉, 앞으로 시장이 상승할 것이라고 전망하는 중개
업소 소장님이 늘어나기 시작했다는 뜻이죠. 시장의 반등을 유추해 볼
수 있는 것입니다.

더샵센텀파크1차(84㎡) 매매·전세 시세

━ 매매가 ━ 전세가

단위: 만 원

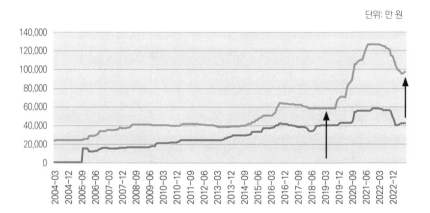

부산 해운대구 재송동 더샵센텀파크1차입니다. 2019년 상반기를 기점으로 본격 상승하는 모습을 확인할 수 있습니다.

2023년에 진입하면서 부산 부동산 시장은 과거 2019년 상반기와 비슷한 모습의 그래프가 그려지고 있습니다(② 구간). 하락 전망이 여전히 상승 전망보다 우세하지만, 상승 전망이 계속 증가하고 있어 곧 상승 전망이 하락 전망보다 우세해질 것으로 예상됩니다. 부산 역시 울산과 마찬가지로 지금은 투자 진입을 검토할 때입니다.

부동산 시장에 대한 하락 전망이 바닥을 찍고 점차 우상향하는 구간에 들어가면 그때가 좋은 진입 타이밍입니다.

5. 공급 물량

최적의 진입 타이밍을 위한 5가지 지표 중 마지막은 공급 물량입니다.

공급 물량 앞에서는 제 아무리 대장 아파트라도 자유로울 수 없습니다. 앞서 살펴본 수요공급의 법칙에 따라 공급 증가는 가격 하락을 수반하기 때문입니다. 따라서 향후 공급 물량이 적정 수요를 초과하는 지역은 투자에 유의해야 합니다.

하지만 당장은 공급 물량이 많아도 1~2년 뒤부터 공급이 줄어들 것으로 예상되는 지역이라면 관심을 가져야 합니다.

부동산지인 사이트www.aptgin.com에서 충주의 수요/입주 데이터를 살펴보겠습니다.

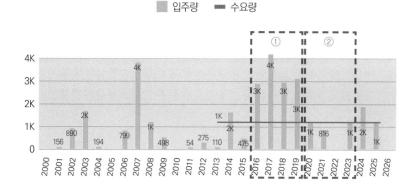

충북·충주시 기간별 수요/입주

충주는 2016년부터 2019년까지 공급 물량이 적정 수요 대비 과도하게 많았습니다(① 구간). 그렇다면 2015년에 충주에 투자하는 것은 좋은 선택이었을까요? 2016년부터 4년 내내 과공급인 지역을 굳이 찾아서 투자할 이유는 없습니다. 그럼 2019년에 충주에 투자하는 것은 좋은 선택이었을까요? 2016년부터 2019년까지 공급 물량은 적정 수요에 부합하거나 부족했습니다(② 구간). 충주 구도심의 대장 단지인 충주 푸르지오의 시세로 확인해 보겠습니다.

충주 푸르지오(84㎡) 매매·전세 시세

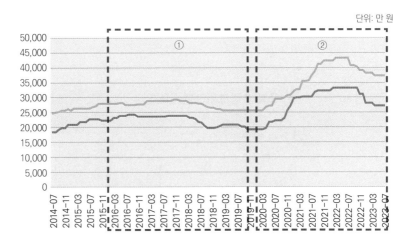

2016년에 충주 푸르지오를 매수했다면 시세 상승은 기대하기 어려웠을 겁니다. 오히려 2019년에는 가격이 하락하였고요. 반면 2019년에 투자다라면 2020년부터 시작된 상승 흐름에 올라탈 수 있었을 것입니다.

경북 포항의 수요/입주 그래프입니다

경북 포항시 기간별 수요/입주

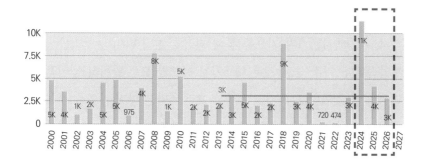

향후 포항의 최적의 진입 시기는 언제일까요? 저는 2025년이 될 가능성이 높다고 생각합니다.

포항 효자풍림아이원(84㎡) 매매·전세 시세

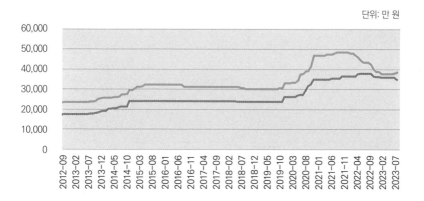

2024~2026년 과공급을 앞두고 포항 대표 단지의 매매 시세는 하락하고 있습니다. 특히 내년은 2000년 이후 가장 많은 입주 물량이 예정되어 있습니다. 물량 앞에 장사는 없습니다. 과공급 물량이 해소되는 과정을 살펴보며 진입 타이밍을 잡으면 됩니다.

자, 지금까지 5가지 지표를 통해 최적의 진입 타이밍 잡기를 정리해 보았습니다. 가장 좋은 것은 이 5가지 지표가 모두 완벽히 들어맞는 지역을 찾는 것입니다. 하지만 경험상 그런 지역은 많지 않았습니다. 두세 개의 지표에선 진입 신호를 발견했지만, 다른 두세 개의 지표에선 여전히 물음표일 때가 많았습니다.

해법은 다양한 지역을 대상으로 모의 투자를 많이 해 보는 것입니다. 이것을 통해 시세 상승에 더 유의미한 데이터를 찾아 가중치를 두는 것이고요. 그 가중치는 사람마다 다를 것입니다. 어떤 사람은 공급 물량을 가장 중요하한 데이터로 생각하지만, 어떤 사람은 매매가격전망지수를 가장 의미 있는 지표로 생각할 수 있습니다. 정답은 없습니다. 뭐가 맞다 틀리다 할 수 없습니다. 다양한 시뮬레이션을 통해 자신에게 더 활용 가치가 높은 지표를 취사선택하여 나의 투자 기준으로 삼는 것입니다.

지역별 매매 시세 정리법 및
활용 노하우

저는 지역별 매매 시세를 주기적으로 정리하고 투자에 활용합니다. 활용법에 관해서는 잠시 뒤에 이야기하기로 하고 일단 지역별 매매 시세를 정리하는 방법부터 설명해 보겠습니다.

우선 부동산지인 사이트에 접속합니다. 〈지역분석〉-〈서울〉을 선택하고 스크롤바를 내리면, 서울의 각 구별 매매가격 평당가를 검색할 수 있습니다.

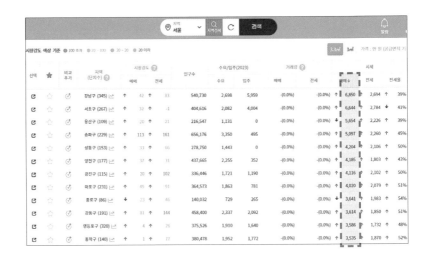

　　이를 내림차순 정렬하면 우리나라에서 가장 평당가 비싼 동네가 강남구라는 것을 알 수 있지요. 마우스로 긁어서 엑셀에 붙여 넣기를 합니다.

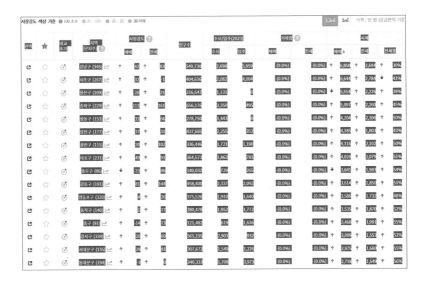

선택		비교추가	지역 (단지수)	시장강도 매매	전세	인구수	수요/입주(2023) 수요	입주	거래량 매매	전세	시세 매매	전세	전세율
			강남구 (34	42	83	540,730	2,698	5,959	0	0	6,850	2,694	39%
			서초구 (26	32	-1	404,616	2,082	4,004	0	0	6,644	2,784	41%
			용산구 (10	-20	21	216,547	1,131	0	0	0	5,654	2,226	39%
			송파구 (22	113	161	656,176	3,350	495	0	0	5,097	2,260	45%
			성동구 (15	33	66	278,750	1,443	0	0	0	4,204	2,106	50%
			양천구 (17	37	31	437,665	2,255	352	0	0	4,185	1,803	43%
			광진구 (11	20	102	336,446	1,721	1,190	0	0	4,116	2,102	50%
			마포구 (23	49	91	364,573	1,863	781	0	0	4,020	2,079	51%
			종로구 (86	-23	46	140,032	729	265	0	0	3,641	1,983	54%
			강동구 (19	81	144	458,400	2,337	2,092	0	0	3,614	1,850	51%
			영등포구 (	4	26	375,526	1,910	1,640	0	0	3,586	1,732	48%
			동작구 (14	1	77	380,478	1,952	1,772	0	0	3,535	1,870	52%
			중구 (91)	-14	73	121,482	619	1,636	0	0	3,468	1,991	55%
			강서구 (33	20	60	565,195	2,903	932	0	0	3,009	1,553	52%
			서대문구 (	29	81	307,672	1,549	1,226	0	0	2,975	1,680	55%
			동대문구 (	-3	0	340,333	1,708	3,973	0	0	2,718	1,549	56%
			성북구 (14	19	38	428,122	2,191	0	0	0	2,597	1,525	58%
			은평구 (17	4	29	465,977	2,396	5,905	0	0	2,581	1,471	56%
			관악구 (13	-6	57	485,994	2,470	330	0	0	2,570	1,505	58%

서울을 다 했으면 경기, 인천, 광역시, 그리고 각 도를 이런 식으로 모두 엑셀에 가져다 붙입니다. 바로 이 자료가 전국의 지역별 매매 시세를 평당가 순으로 정리한 것입니다. 인구 20만 명 이하의 소도시들은 제외해도 좋습니다.

이렇게 지역별 평당 매매가를 정리해 두고, 저는 이를 다음과 같이 활용합니다. 저의 활용법 4가지를 소개합니다.

첫 번째는, 지역별 위상을 비교하는 데 활용합니다.

예를 들어, 서울이 좋다고 해서 성남시 분당구를 매도하고 성북구 길음동을 매수하여 갈아타는 것은 별로 좋지 못한 선택입니다.

성남시 분당구: 평당 3,856만 원

vs

서울시 성북구: 2,597만 원

(2023년 8월 기준)

상급지가 성남시 분당구이기 때문입니다. 비싼 곳이 더 상급지입니다. 상급지를 버리고 이보다 상대적으로 하급지인 서울시 성북구를 선택하는 것은 좋은 선택이 아닙니다. 지역별 평당 매매가를 알고 있어야 잘못된 선택을 하지 않습니다. 그렇다고 길음동이 좋지 않다는 이야기를 하는 게 아닙니다. 지금 제가 이야기하는 것은 상대평가이지, 절대평가가 아닙니다.

누군가 성남시 분당구와 서울시 강동구 중 한 곳을 실거주지로 고민합니다. 어디가 더 상급지인가요?

성남시 분당구: 평당 3,856만 원

vs

서울시 강동구: 3,614만 원

(2023년 8월 기준)

2023년 8월 현재 두 지역의 매매 시세 차이는 평당 200만 원 정도입니다. 하지만 1년 전인 2022년 8월 두 지역의 평당 가격은 분당구가 4,304만 원, 강동구가 4,293만 원으로 거의 동일했습니다.

두 지역의 대표 단지를 하나씩 골라 매매 시세 추이를 비교해 보겠습니다. 성남시 분당구 서현동 삼성한신아파트와 서울시 강동구 암사동 강동롯데캐슬퍼스트입니다.

오른쪽 차트에서 살펴볼 수 있는 것처럼, 지난 상승장에서 두 단지의 매매 시세 움직임은 거의 완벽히 일치하였습니다. 입지 가치가 거의 같은 것입니다. 이럴 때는 둘 중 더 마음에 드는 곳을 선택하면 됩니다. 직장에 더 가깝거나, 아이들의 통학 거리 등이 고려 요소가 될 수 있겠죠. 잠실로 출퇴근해야 하는 직장인이라면 단지 앞에 8호선 신설 역사가 생길 예정인 강동롯데캐슬퍼스트를 선택하는 것이 더 좋을 수 있습니다. 직장이 판교라면 당연히 분당이 더 낫겠고요.

이렇게 유사한 매매 시세 흐름을 보이는 두 단지 사이에 일시적인 가격 차이가 나면, 좋은 투자의 기회가 될 수 있습니다. 아래처럼 구조와 내부 상태가 비슷한 두 매물이 있다면, 어떤 선택이 더 좋을까요? 저라면 강동롯데캐슬더퍼스트를 선택할 것 같습니다.

지역별 매매 시세 자료는 이렇게 지역과 지역의 대표 단지를 비교하고 투자 가치를 판단해 보는 데 유용하게 사용될 수 있습니다.

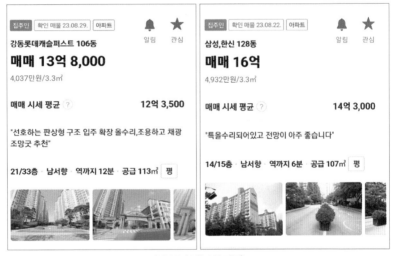

(2023년 9월 3일 기준)

두 번째는, 분양가의 적절성을 판단하는 데 활용합니다.

대구로 가 보겠습니다. 2024년 7월 입주 예정인 A 아파트입니다. 해당 단지는 2021년 말 분양 당시 미분양이 발생했고, 2023년 8월 현재까지도 일부 잔여 물량이 남아 있습니다. 왜 이 단지는 미분양이 발생했을까요? 그 이유는 분양가에 있습니다. 국평 기준 분양가가 5억 5,000만 원 정도였습니다.

신축이라는 프리미엄이 있고 요즘 건설 자재비 등이 인상되어 과거와 같은 저렴한 가격에 분양가가 책정되기 어렵다는 점을 감안해도 미분양이 났다는 것은, 시장에서 A 아파트의 분양가를 비싸다고 본 것입니다.

A 아파트가 분양을 한 2021년 말 당시 대구시 동구의 평균 평당 매매가는 1,050만 원 정도였습니다. 신축 프리미엄을 30% 정도로 보았을 때, A 아파트의 적정 분양가는 4억 원 중반이 적절했을 것으로 판단됩니다. 그런데도 1억 원 이상 높은 5억 원 중반으로 분양가를 책정했기 때문에 미분양이 발생한 것입니다.

대구 동구 평당 매매가 1,050만 원 × 1.3배 = 1,365만 원
1,365만 원 × 34평 = 4억 6,000만 원(2021년 12월 기준)

물론 지역별 매매 시세가 절대적인 기준이 될 수는 없습니다. 하지만 최소한 내가 어떤 단지에 청약을 넣을 생각을 하고 있다면, 그 분양가가 적당한 수준인지 아닌지 또 당첨되었을 때 피가 붙을 수 있을 만한 분양가인지 아닌지 정도는 스스로 판단할 수 있어야 합니다. 저는 그 판단을 할 때 지역별 매매 시세 자료를 활용하고 있습니다.

세 번째는, 투자의 우선순위를 정하는 데 활용합니다.
경남 지역들의 평당 매매 시세를 필터하면 다음과 같습니다.

No	지역	매매가	전세가	전세가율
77	창원시 성산구 (136)	1,250	833	66%
83	창원시 의창구 (84)	1,145	818	69%
99	창원시 (526)	997	728	71%
112	진주시 (180)	872	718	78%
120	창원시 마산회원구 (89)	815	661	78%
128	창원시 마산합포구 (120)	779	631	77%
134	양산시 (204)	756	498	64%
136	창원시 진해구 (97)	744	578	77%
139	김해시 (267)	732	566	77%
159	밀양시 (48)	630	492	73%
162	통영시 (97)	623	536	79%
181	거제시 (169)	534	376	0.69%
188	사천시 (55)	507	438	0.83%
190	함안군 (25)	487	417	0.83%

우리가 만약 경남에 투자한다면 가장 먼저 검토해야 할 지역은 어디인가요? 매매 시세 1등 지역, 창원시 성산구입니다.

왜 1등부터인가요? 1등이 가장 좋기 때문입니다. 가장 먼저 오르고 가장 많이 오르는 지역이 1등이기 때문입니다. 경남에서는 창원 성산구가 1등입니다. 투자는 내가 가진 가용자금으로 창원시 성산구 내 매수가 가능한지 탐색해 보는 것부터 시작입니다. 창원시 성산구에 얼마든지 투자할 수 있는데도 불구하고 창원시 진해구에 투자할 이유는 없습니다.

하락장이 마무리되고 다시 상승장으로 방향 전환을 시도할 때, 어느 지역부터 먼저 상승할까요? 당연히 창원 성산구입니다. 가장 먼저 전고점을 회복하고 가장 먼저 이를 돌파할 지역 역시 창원 성산구입니다.

성산구 반림동 노블파크는 2019년 여름에 바닥 가격 3억 5,000만 원을 찍고 지난 상승장에서 2배 상승하였습니다. 반면 진해구 풍호 동 마린푸르지오는 2019년 가을에 바닥 가격 2억 8,000만 원을 찍고 1.8배 상승하였습니다. 성산구가 진해구보다 상승 시기도 빨랐고 상승 폭, 상승 비율도 더 높았습니다. 요즘 바닥을 찍고 반등하는 모습에서도 노블파크가 마린푸르지오보다 더 빨리 더 큰 폭으로 회복하고 있고요.

바로 이것이 입지의 차이입니다.

언제나 1등부터 노리는 투자를 해야 합니다. 이 사실을 잊어선 안 됩니다. 1등과 맞싸우는 것을 두려워하지 마세요. 1등이 안 되면 그다음에 2등, 3등을 검토하는 것입니다. 일단 1등의 문부터 노크해야 합니다. 상승 흐름의 순서는 1등부터 아래 순위로 진행됩니다. 지난 상승장에서도 창원부터 시작된 상승 흐름이 진주로 이어지고, 그다음 마산, 진해를 거쳐 마지막으로 거제에 도달하려는 찰나에 주춤해졌습니다. 그만큼 거제의 입지 가치가 경남 도시들 내에서는 후순위에 있다는 것을 알 수 있습니다.

2023년 8월 기준, 전국 지역별 매매 시세 평당가 자료는 제 블로그 blog.naver.com/jikolp78/2232012071136에 올려 두었습니다. 별도 절차 없이 무료로 다운받을 수 있으니 참고하기 바랍니다.

다만, 평당가는 매달 계속 달라지기 때문에 업데이트를 하려면 결국 스스로 자료를 만들 수 있어야 합니다. 엑셀 탭을 계속 옆으로 늘려 가며 업데이트해 보기 바랍니다.

양극화를 대하는 우리의 자세,
그리고 기회

　찾아보면 다음과 같이 정의되어 있습니다. '서로 다른 계층이나 집단이 점점 더 차이를 나타내고 관계가 멀어지는 것.' 이 정의에서 핵심 문구는 '점점'입니다. 즉 처음에는 별로 차이가 나지 않았거나 동일한 시작이었음에도 시간이 지날수록, 경주가 계속될수록 그 차이가 점점 더 벌어지는 것을 의미합니다.

　국가 간 양극화, 기업 간 양극화, 학력 간 양극화 등 양극화는 이 시대 이 사회의 거대한 트렌드가 되었습니다. 이러한 양극화는 부동산 시장도 예외가 아니죠. 서울과 지방의 양극화, 서울 안에서도 강남과 강북의 양극화, 유주택자와 무주택자의 양극화, 아파트와 비아파트의 양극화, 신축과 구축의 양극화 등등 여러 부문에서 양극화가 진행되고 있으니까요.

왜 이런 현상이 벌어지는지, 그 이유를 자세히 분석하는 것은 크게 의미가 없을 듯합니다. 이유를 안다고 해서 이러한 트렌드가 바뀌는 것은 아니기 때문입니다. 더 중요한 것은 이런 시대적, 사회적 현상을 인정하고 그에 맞는 적절한 대응 전략으로 투자를 해 나가는 것입니다.

그렇다면 양극화 트렌드 속에서 우리의 부동산 투자 전략은 어떠해야 할까요?

첫 번째는, 서울에 투자해야 한다는 것입니다.

서울·부산 매매 시세 평단가(2023년 8월 기준)

No	서울(만 원)		부산(만 원)	
1	강남구	6,850		
2	서초구	6,644		
3	용산구	5,654		
4	송파구	5,097		
5	성동구	4,204		
6	양천구	4,185		
7	광진구	4,116		
8	마포구	4,020		
9	종로구	3,641		
10	강동구	3,614		
11	영등포구	3,586		
12	동작구	3,535		
13	중구	3,468		
14	강서구	3,009		
15	서대문구	2,975		
16	동대문구	2,718		
17	성북구	2,597		

18	은평구	2,581		
19	관악구	2,570		
20	노원구	2,531		
21	구로구	2,462		
22	중랑구	2,337		
23	금천구	2,246		
24	강북구	2,213		
25	도봉구	2,140		
26			수영구	2,029
27			해운대구	1,720

부산의 강남이라는 해운대구 아파트 평당가가 서울의 대표적인 서민 동네인 금천구, 도봉구 평당가에도 미치지 못합니다. 서울이 좋은 이유는 고임금의 일자리와 고급문화가 풍부하기 때문입니다. 청년 구직자의 70%가 지방 근무를 기피한다고 합니다. 이런 추세는 앞으로 더해질 것으로 보입니다. 따라서 각자 가지고 있는 자금 여력의 범위 내에서 가장 비싼 서울 아파트 한 채는 보유해야 합니다.

두 번째는, 4세대 신축 아파트에 투자해야 한다는 것입니다.

전국의 주택보급률이 100%를 넘어섰지만 편리하고 깨끗한 새 아파트에 살고 싶은 사람들의 수요가 모두 충족된 것은 아닙니다. 양은 어느 정도 채워졌지만 질을 충족시키는 주택은 여전히 부족합니다. 전국 아파트 10채 중 7채는 10년이 넘은 구축 아파트입니다. 2010년대 중반 이후 지어지고 있는 4세대 신축 아파트는 AI, ICT, loT 등 첨단 정보통신기술을 바탕으로 한 스마트홈, 그리고 고급 커뮤니티시설, 조식 서비스 등을 특징으로 하고 있습니다. 누구나 살고 싶은 이런 아파트에 앞으로 사람들의 수요가 몰릴 것이라는 점은 자명합니다.

세 번째는, 좋은 입지에 투자해야 합니다.

아무리 4세대 신축 아파트라도 입지가 떨어지면 곤란합니다. 지금은 신축이어도 시간이 지나면 언젠가는 결국 구축 아파트가 되기 때문입니다. 아파트는 땅에 투자하는 것입니다. 아파트의 가치는 땅의 가치이고, 땅의 가치가 지속적으로 오를 수 있는 좋은 입지에 있는 아파트를 사야 합니다.

궁극적으로 우리의 투자 지향점은 이 세 가지 전략에 모두 부합하는, 핵심 아파트여야 합니다. **한마디로 서울의 입지 좋은 신축 아파트 매수가 양극화 트렌드를 고려한 가장 바람직한 선택입니다.**

이 세 가지를 모두 충족하는 핵심 아파트는 분명 가격이 만만치 않을 것입니다. 이렇게 비싼 아파트를 누가 사나 싶겠지만, 내가 돈이 없는 것이지 남도 돈이 없는 것은 아닙니다.

핵심 아파트의 매수 주체라고 할 수 있는 고소득자들, 즉 상위 20% 도시 근로자 가구의 월평균 실질소득은 1,013만 원입니다. 이를 연소득으로 환산하면 약 1억 2,000만 원에 달합니다.

또한 총급여액 1억 원을 초과하는 근로자의 수가 매년 가파르게 상승하고 있습니다.

소득 5분위별 가구당 소득 및 지출

2023년 2분기 월평균 기준, 단위: 만 원

■ 소득　■ 가계지출(소비+비소비)

	1분위	2분위	3분위	4분위	5분위
소득	111.7 (-0.7)	264.5 (-1.1)	409.6 (0.1)	596.6 (0.5)	1,013.8 (-1.8)
가계지출	139.9 (-0.6)	222.3 (1.6)	323.3 (1.9)	458.2 (4.5)	682.2 (6.9)

전년 동기 대비 증감률 (%)

자료: 통계청

근로자 1인당 총급여액 평균

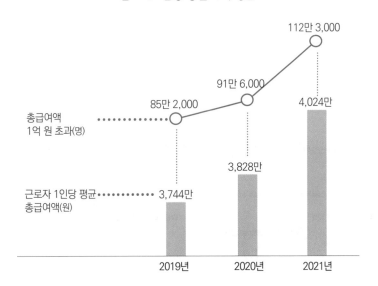

총급여액 1억 원 초과(명)

85만 2,000　91만 6,000　112만 3,000

근로자 1인당 평균 총급여액(원)

3,744만　3,828만　4,024만

2019년　2020년　2021년

자료: 국세청

소득의 양극화가 소비의 양극화로 이어지고, 그것이 아파트 소비로까지 연결되고 있는 것입니다. 이러한 트렌드를 읽고 오르는 부동산, 특히 오를 때 더 많이 오르는 부동산을 선택해야 합니다.

아파트의 양극화는 도시 간에도, 도시 내에서도 발생하고 있습니다.

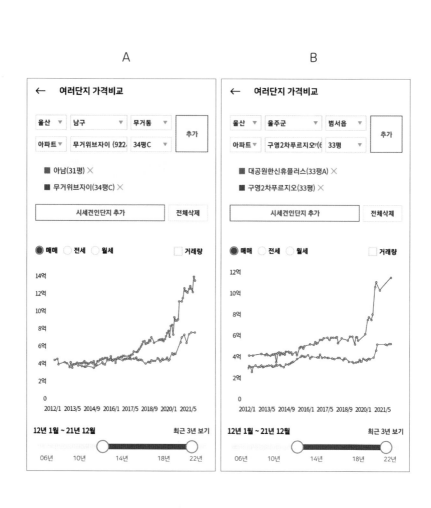

A는 서울 강동구 고덕동 아남아파트와 울산 남구 무거동 무거위브자이의 시세 변화입니다. 2016년 초까지만 해도 두 단지의 시세는 비슷했습니다. 4억 원 초반의 자금을 가졌다면 둘 중 어떤 것이든 선택할 수 있었습니다. 하지만 상승장(2021년 12월 기준)에서 무거위브자이는 8억 원까지 상승한 반면, 아남아파트는 14억 원 정도까지 상승했습니다. 2016년 초까지만 해도 비슷했던 시세가 상승장에서는 6억 원까지 벌어진 것입니다. 이것이 서울과 울산이라는 도시 사이의 양극화입니다.

B는 같은 도시 안에서 벌어지는 양극화의 모습입니다. 울산 남구 옥동 대공원한신휴플러스와 울산 울주군 범서읍 구영2차푸르지오의 시세 변화입니다. 2013~2014년까지만 해도 두 단지 간 시세 차이는 1억 원 정도였습니다. 그러던 것이 울산 상승장(2021년 12월 기준)에서 가격 차가 7억 원 정도까지 벌어졌습니다. 두 단지가 지닌 입지 가치의 차이 때문입니다. 이와 같이 양극화는 같은 도시 안에서도 벌어지고 있는 것입니다.

우리의 방향은 명확합니다. 향후 다시 찾아올 상승장에서 더 많이 상승할 수 있는 핵심 부동산을 매수해서 보유하는 것입니다. 부동산 상승장에서는 좀처럼 핵심 부동산을 매수하기가 쉽지 않습니다. 수요가 몰리다 보니 매물로 잘 나오지 않고 나오더라도 매우 비싼 가격에 나오는데, 그조차도 거래가 이뤄지면서 시세가 급격히 상승하기 때문입니다. 그렇기에 하락장이 기회입니다. 고점 대비 상당 폭이 하락한 가격에 매물이 등장하기 때문입니다.

앞으로 부동산 시장의 양극화 추세가 지속될 것이라는 점을 감안하면, 가격이 조정받고 원하는 매물을 골라잡을 수 있는 매수자 우위의 시장을 적극 공략해야 합니다. 그것이 앞으로도 지속될, 어쩌면 더 거세질 양극화 시대를 대비하는 최선의 전략입니다.

상승장 반전의 3가지 신호

2021년 말에서 2022년 초부터 시작된 부동산 시장의 하락이 지역에 따라서는 1년 넘게 지속되고 있습니다. 전 세계적인 금리 인상의 여파로 매매가와 전세가가 동시에 하락하는 근래 유례가 없는 상황 속에 있습니다. 시장은 언제쯤 다시 바닥을 다지고 상승으로 전환될까요? 이번에는 상승장으로의 반전을 암시하는 3가지 신호를 살펴보겠습니다.

상승 반전의 신호 첫 번째는, 전세가입니다. 매매가의 하방 지지 역할을 해 주는 전세가가 전국 대부분의 지역에서 계속 내리막입니다. 서울의 경우 최근 반등의 모습이 나타나고 있지만 추세 전환일지는 좀 더 지켜봐야 하며, 서울을 제외한 부산·대구·인천 등 광역시의 전세가격지수는 여전히 하락 추세입니다.

서울 아파트 전세가격지수

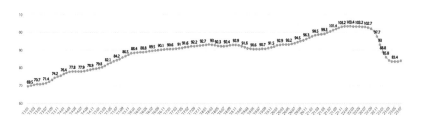

부산 아파트 전세가격지수

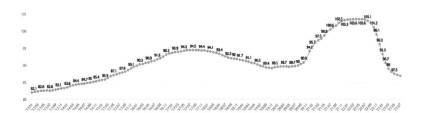

인천 아파트 전세가격지수

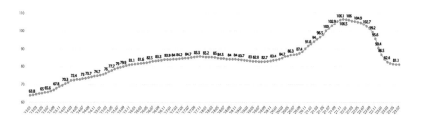

출처: 한국부동산원

전세가율이 높으면 비교적 적은 돈으로 전세 낀 집을 매수하는 갭투자가 용이해지고 돈을 좀 더 보태 전세에서 매매로 갈아타려는 수요도 늘기 마련인데, 2023년 8월 기준 서울의 평균 전세가율은 51%에 불과합니다. 지금과 같은 상황에서는 매수 초기 비용이 너무 커 매수세가 주춤할 수밖에 없습니다.

No	지역	전세가율(2023. 8. 기준)
1	강남구 (345)	39%
2	서초구 (267)	41%
3	용산구 (109)	39%
4	송파구 (229)	45%
6	성동구 (153)	50%
7	양천구 (177)	43%
8	광진구 (115)	50%
9	마포구 (231)	51%
11	종로구 (86)	54%
12	강동구 (191)	51%
13	영등포구 (320)	48%
15	동작구 (140)	52%
16	중구 (91)	55%
18	강서구 (334)	52%
19	서대문구 (135)	55%
20	동대문구 (194)	56%
22	성북구 (144)	58%
23	은평구 (175)	56%
24	관악구 (137)	58%
25	노원구 (230)	47%
28	구로구 (275)	56%
29	중랑구 (144)	58%

32	금천구 (104)	58%
34	강북구 (74)	58%
36	도봉구 (144)	50%

대림(84㎡) 매매·전세 시세

▬▬ 매매가 ▬▬ 전세가

단위: 만 원

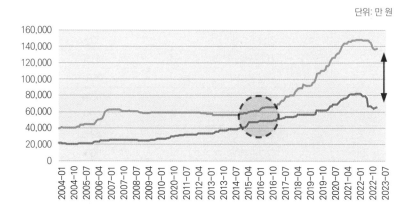

위 그림은 동작구 대방동 대림아파트의 매매·전세 시세 차트입니다. 2023년 8월 현재 매매 시세는 13억 7,000만 원, 전세 시세는 6억 5,000만 원입니다. 전세를 끼고 매수하려면 7억 원 이상의 자금이 필요한 상황이다 보니 갭투자도, 전세에서 매매로 갈아타는 수요도 만들어지기 어려운 것입니다. 또한 여전히 대출금리가 높아 원리금 상환 부담이 큰 상황이기도 하고요.

따라서 전세 하락이 멈추고 전세에서 매매로 갈아타는 데 들어가는 비용이 적어지는, 과거 2015년 초(빨간색 원)와 같은 모습이 나타난다면 상승장으로의 반전을 암시한다고 할 수 있습니다.

상승 반전의 신호 두 번째는, 정부 규제 완화입니다. 윤석열 정부 들어 정부는 일관되게 부동산 시장의 규제 완화 및 시장 정상화 방안을 내놓고 있습니다.

부동산 시장 정상화 방안 주요 내용
(2023년 1월 5일부터 시행)

규제지역 및 분양가상한제 적용 지역 해제	용산 및 강남 3구 제외한 규제지역 해제 ● 서울: 강남, 서초, 송파, 용산 제외 전역 ● 경기: 과천, 광명, 성남(분당, 수정), 하남 4곳
	용산 및 강남 3구 제외한 모든 분양가상한제 적용 지역 해제: 수도권 분양가상한제 주택 실거주 의무(2~5년) 폐지
	규제 해제 지역 다주택자에 대한 양도세 중과 해제: 75%(기본세율+20·30%p)→기본세율(6~45%) 적용
	1세대 1주택자 주택 처분 시 비과세 혜택 요건 완화: 2년 보유·2년 거주→비규제지역은 2년 보유 시 비과세 적용(단, 비규제지역에서도 조정대상지역 지정 당시 취득한 주택을 처분할 때는 거주 요건 적용)
	비규제지역 일시적 2주택 특례 적용 ● 비규제지역 일시적 2주택자가 받을 수 있는 양도세·취득세 특례 적용 기간 2년→3년 ● 일반 취득세 2채까지 중과되지 않고 기본세율(1~3%) 적용 ● 비규제지역에서 새롭게 임대사업자로 등록하는 경우 요건에 따라 종부세 비과세(합산 배제) 적용(법인 등록임대사업자도 비규제지역에서는 합산 배제 적용)

기존 부동산 규제 완화	전매 제한 ● 수도권 최대 10년→최대 3년 ● 비수도권 최대 4년→최대 1년
	분양가 관계없이 모든 주택에서 중도금대출·특별공급 가능: 기존 중도금 대출 12억/특별공급 9억(투기과열지구 기준)
	처분조건부 청약 당첨 1주택자 기존 주택 처분 의무 폐지
	무주택 요건 폐지: 주택 소유자도 무순위 청약 신청 가능

자료: 기획재정부, 국토교통부

하지만 여전히 일부 지역, 일부 계층을 대상으로 한 규제는 남아 있습니다. 대표적으로는 다주택자에게 가해지는 취득세 중과세율입니다. 규제지역 여부를 가리지 않고 3주택 매수부터는 12%의 취득세율을 중과하여 부과하고 있습니다.

취득세 중과의 허들이 사라지지 않으면 다주택자가 거래의 주체로서 시장에 참여할 수 있는 운신의 폭은 좁습니다. 결국 다주택자의 시장 참여가 자유로워질 때 상승장으로의 반등을 시작할 수 있기에, 향후 정부의 규제 완화 방안을 예의 주시할 필요가 있겠습니다.

상승 반전의 신호 세 번째는, 시장에 참여하는 매도자와 매수자 수입니다. 결국 시장을 움직이는 것은 시장에 참여하는 사람들입니다. 매수자와 매도자가 시장의 흐름을 만들어 가는 것입니다. 부동산 시장이 하락장에서 상승장으로 전환되려면 시장에 참여하는 매도자의 수는 감소하고 매수자의 수는 증가해야 합니다. 즉 팔려는 사람은 줄고 사려는 사람이 늘어나야 시장은 상승합니다.

인천 매수·매도 추이

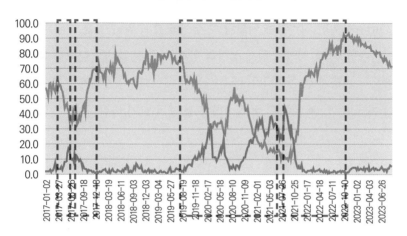

세종 매수·매도 추이

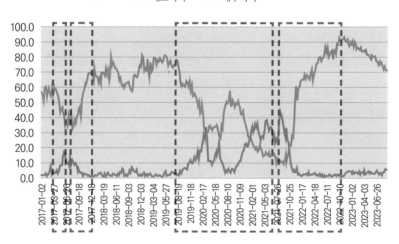

매도자 수는 감소하고 매수자 수는 증가하는 구간(녹색 네모)은 부동산 시장의 상승기이고, 반대로 매도자 수는 증가하고 매수자 수는 0에 가까운 구간(빨간색 네모)은 하락기입니다.

따라서 어떤 지역이든 매도자 수와 매수자 수의 추이를 주의 깊게 살펴본다면, 해당 지역의 현재 상황과 향후 시장 분위기를 짐작해 볼 있는 팁을 발견하게 될 것입니다. 매주 금요일 제공되는 KB부동산 주간 시계열 자료의 '7. 매수매도' 탭 데이터를 늘 챙겨 보기 바랍니다.

상승장에 올라타기 위한 5가지 준비

일부 지역이 바닥 가격을 찍고 반등해 있지만, 여전히 많은 지역은 하락장 내지는 하락을 멈춘 횡보장의 모습입니다. 시장은 늘 순환하고 언젠가는 다시 상승장이 찾아올 것입니다. 정확히 그 시점이 언제일지는 누구도 단언할 수 없지만, 언제고 찾아올 상승장에 제대로 올라타기 위해서는 미리 준비해야 한다는 것은 단언할 수 있습니다. 준비가 되어 있어야 우연히 찾아온 기회를 운명으로 만들 수 있습니다. 준비된 제자에 위대한 스승이 나타나듯, 준비된 사람에게 위대한 사건이 일어나니까요.

상승장에 올라타기 위한 첫 번째 준비는, 현금을 확보하는 것입니다.
투자를 잘하는 방법은 의외로 간단합니다. 투자할 수 있는 현금을 가지고 투자할 만한 때를 기다리면 됩니다. 아무리 좋은 때를 만나더라도 투자할 현금이 없으면 아무런 의미가 없습니다. 찾아온 기회를 잡지 못하게 됩니다. 그래서 투자 고수들은 절대 영끌해서 투자하지 않습니다. 일정 수준의 현금을 늘 가지고 있지요. 어쩌면 투자 고수라는 것은 찾아온 기회를 놓치지 않는 사람을 의미할지도 모릅니다.

현금은 상승장, 하락장 할 것 없이 언제나 중요합니다. 시장이 폭등하는 중에도 현금 비중을 유지하려고 노력해야 합니다. 수익률을 어느 정도 포기하는 대신 언제 찾아올지 모를 하락장에 대한 대응력을 갖추기 위해서죠. 현금을 하나의 투자 상품이라고 생각한다면, 대부분의 부동산 가격이 내려가는 하락장에서 유일하게 가격이 오르고 있는 종목이 바로 현금입니다. 현재 시장에서 가장 매력적인 투자 상품이 현금인 것이죠.

현금을 확보해야 한다고 해서 꼭 통장에 잔고가 있어야 하는 것은 아닙니다. 여기서 말하는 현금은 투자에 필요한 자금을 동원할 수 있는, 대출을 포함한 자금 동원력을 의미합니다.

상승장에 올라타기 위한 두 번째 준비는, 포트폴리오를 정비하는 것입니다.

앞서 이야기한 첫 번째 준비와도 연결되는데, 상승장에 올라탈 기회를 잡기 위해서는 욕심을 버리고 못난이 물건들을 적극적으로 정리해야 합니다. 미래 가치가 있는 물건으로만 포트폴리오를 재구성하고, 포트폴리오의 질을 떨어뜨리는 물건은 솎아 내어 과감히 현금으로 전환해야 합니다. 매도가 좀 아쉬울 수 있지만, 상승장에서 빛을 발할 더욱 좋은 물건을 매수할 수 있는 기회를 갖는 데 더 큰 의미를 둬야 합니다.

저는 6개월마다 한 번씩 포트폴리오를 정비하는 시간을 갖습니다. 앞만 보고 열심히 달리다가도 가끔은 나침반을 꺼내 방향에 맞게 제대로 달리고 있는지 점검하는 것입니다. 열심히 하는 것보다 중요한 것은 흐름과 방향에 맞는 투자입니다. 엉뚱한 방향으로 열심히 하면 아무런 의미가 없습니다. 흐름에 맞는 투자를 했는지, 또 당초의 계획이 옳았는지 나침반을 꺼내 주기적으로 확인해야 합니다. 시장 상황의 변화에 따른 약간의 튜닝은 언제든 필요하기 때문입니다.

상승장에 올라타기 위한 세 번째 준비는, 후보 지역과 물건을 탐색하는 것입니다.

향후 수급 상황이 좋은 곳을 중심으로 투자 지역을 선별하는 것입니다. 코로나19 팬데믹에 따른 유동성 장세가 금리 인상으로 어느 정도 일단락되면 그 이후 시장은 수급 장세로 전환될 것입니다. 향후 공급 물량이 적은 지역들이 먼저 그간의 낙폭을 회복하며 시세 상승을 견인하게 될 것입니다.

서울을 비롯해 부산, 광주, 울산, 세종 등이 그러한 지역입니다. 비수도권, 비광역시에서는 청주, 전주, 창원, 제주 등이 그러하고요.

지금부터 이들 지역에 관한 관심을 가져야 합니다. 이들 지역 관심 단지의 지난 상승장 고점 대비 하락률과 투자금, 향후 목표가 등을 미리 계산해 두고 꾸준히 시장의 매물을 모니터링 해야 합니다. 틈나는 대로 현장 임장을 다녀오고, 현지에 계신 소장님들과도 지속적으로 소통해야 합니다.

서울 기간별 수요/입주

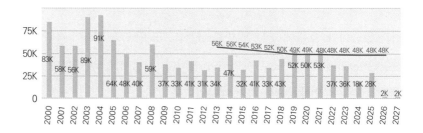

울산 기간별 수요/입주

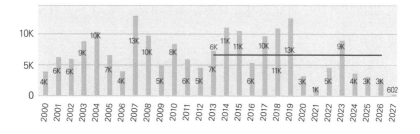

전북 기간별 수요/입주

■ 입주량　■ 수요량

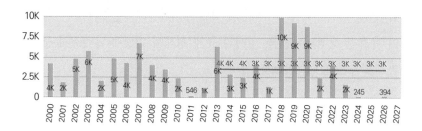

제주 기간별 수요/입주

■ 입주량　■ 수요량

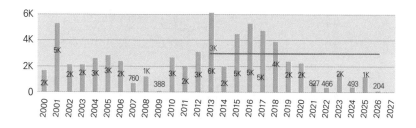

상승장에 올라타기 위한 네 번째 준비는, 대내외 거시 변수를 모니터링 하는 것입니다.

대내 거시 변수는 정부의 규제 정책입니다. 윤석열 정부의 부동산 시장 정책 방향은 규제 완화에 초점이 맞춰져 있지만, 여전히 규제는 존재합니다. 특히 다주택자의 시장 진입을 어렵게 하는 취득세 중과 조치 등이 유효한 상황이니만큼, 현재의 규제 정책이 어떻게 달라질지 꾸준히 관심을 두고 모니터링 해야 합니다.

한미 기준금리 인상 전망

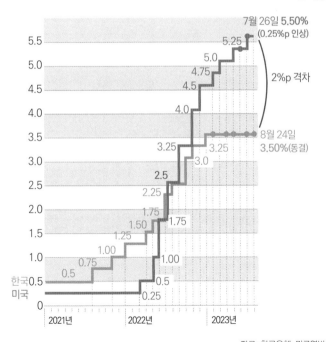

연 기준, 단위: %

자료: 한국은행, 미국연방준비제도

대외 거시 변수는 금리입니다. 코로나19 팬데믹 이후 시작된 유동성 장을 잠재우기 위한 금리 인상이 전 세계적으로 계속되고 있습니다. 상당 폭의 기준금리가 인상되었음에도 불구하고 여전히 물가는 잡히지 않고 있어, 향후 당분간 금리 인상 추세는 유지될 것으로 예상됩니다.

금리 인상이 지속되는 한 부동산 시장의 반등은 요원할 수밖에 없습니다. 현재의 반등 또한 일시적일 수 있고요. 금리가 정점을 찍고 인하하는 쪽으로 방향을 틀어야 시장 반등의 여건이 마련될 수 있습니다. 미국의 기준금리에 연동될 수밖에 없는 우리 입장에서는 미국 기준금리 추이와 그에 영향을 미치는 대외 변수에도 꾸준히 관심을 두고 지켜봐야 합니다.

아파트 가격의 주요 변동 요인을 시기적으로 구분하면 다음과 같습니다.

단기	정책, 금리
중기	입주 물량
장기	입지

단기적으로 아파트 가격은 정책과 금리에 가장 많은 영향을 받습니다. 따라서 이들 변동 요인에 변화의 움직임이 있는지 항상 주시해야 합니다.

상승장에 올라타기 위한 다섯 번째 준비는, 근로소득을 안정적으로 잘 유지하고 있는 것입니다.

부동산 시장이 좋을 때는 다니던 회사를 과감히 때려치우고 경제적 자유를 달성했다거나 파이어족이 되었다는 사람이 선망의 대상이었습니다. 하지만 지금 그들은 어떨까요? 부동산 시장의 하락장에서도 아무런 문제없이 안정적인 삶을 살아가고 있을까요? 물론 그럴 수도 있고 아닐 수도 있지만, 중요한 것은 절대 근로소득의 가치를 쉽게 포기해서는 안 된다는 것입니다.

투자는 늘 잘되는 것이 아닙니다. 하락장은 언제든 우리가 예상할 수 없는 시기에 찾아옵니다. 그런 가운데에서도 안정적으로 삶을 유지하고 다음 투자를 준비할 수 있게 해 주는 것은 다름 아닌 월급입니다. 월급은 절대 자유로운 삶을 살지 못하게 하는 족쇄가 아닙니다. 오히려 안정적인 삶과 투자를 도와주는 보험 같은 것이죠.

경제활동을 시작하는
사회 초년생을 위한 10가지 조언

얼마 전 아래와 같은 메일을 받은 적이 있습니다.

이제 제 나이는 60을 넘었고 그동안 투자도 모르고 일만 열심히 하면서 살아왔습니다. 집 한 채 가지고 있는데 이제 와 보니 그렇게 좋은 입지의 물건도 아닌 거 같고, 젊었을 때 틈틈이 부동산에 좀 관심을 가졌더라면 좋았을 텐데 지금 하자니 젊은 사람들 따라가기가 참 버거운 것 같습니다. 그래서 제 아들이 하나 있는데, 이놈만이라도 나처럼 이렇게 살지 말고 좀 젊었을 때부터 부동산 공부도 하면서 살라고 조언을 해 주고 싶은데, 제가 아는 게 별로 없습니다. 옥동자님한테 대신 좀 부탁드려도 되렵니까?

메일을 읽으면서 부모님 생각이 많이 났습니다. 저도 부모니까 자식 생각하는 마음에 공감되는 부분도 많았고요.

자본주의는 아무런 감정이 없습니다. 아마추어 투자자라고 해서, 이제 막 투자를 시작해 잘 몰랐다고 해서, 절대 따뜻한 마음으로 봐주고 배려해 주지 않습니다. 자본주의 경제 시스템을 제대로 이해하지 못하고 투자에 뛰어들었다간 사정없이 패대기쳐질 수 있습니다.

하지만 무섭다고 무작정 피할 수도 없습니다. 자본주의 사회에서 절대 손해를 보지 않고 원금만 지키려는 투자 방식은 결국 실패한 투자가 될 수밖에 없습니다. 또한 투자와 돈을 활용하지 않는 것은 마치 몸은 21세기를 살고 있지만 정신과 사고는 석기시대에 머물러 있는 것과 다름없습니다.

따라서 자본주의 경제 시스템을 이해하고, 그것을 이용할 줄 알아야 합니다. 이는 자본주의 사회를 살고 있는 누구에게나 주어진 숙명입니다. 선택이 아니고 의무입니다. 피한다고 해서 피할 수 없습니다. 피할수록 더 어려움에 부닥칠 뿐입니다. 특히 이제 사회생활을 본격적으로 시작하는 사회 초년생들에게는 더더욱 그렇습니다. 시작이 중요하기 때문입니다.

어떤 사람은 쇼핑, 여행, 게임하는 데 돈을 지출하고 어떤 사람은 책과 강의에 돈을 쓴다고 가정해 보겠습니다. 처음에는 별로 차이가 없어 보여도 5년, 10년 지난 다음에는 반드시 큰 차이의 결과로 돌아오게 됩니다.

자본주의 경제 시스템에 당하지 않고, 오히려 이를 잘 활용하는 당당한 경제주체로 살아가기를 바라는 마음으로 이제 경제활동을 시작하는 20~30대 사회 초년생에게 전하고 싶은 조언 10가지를 정리해 보았습니다.

1. 종잣돈부터 모아라

자산 투자 전에 시간 투자로 종잣돈을 모으는 과정이 반드시 필요합니다. 복리 투자라고 하면 많은 사람이 장기투자, 즉 투자 기간이 가장 중요하다고 생각합니다. 하지만 사실 초기 자산인 종잣돈의 크기가 더 중요합니다. 종잣돈 1,000만 원을 월 복리 10%로 20년간 굴렸을 때 수령액은 7,300만 원입니다. 반면 종잣돈 1억 원을 같은 기간 같은 금리로 굴렸을 때 수령액은 7억 3,000만 원이 됩니다. 종잣돈 1,000만 원으로 불어나는 이자는 6,300만 원이지만, 종잣돈 1억 원으로 불어나는 이자는 6억 3,000만 원인 것입니다. 얼마나 큰 종잣돈을 가지고 투자를 시작하느냐에 따라 수익의 크기도 정해집니다.

 이처럼 중요한 종잣돈을 빨리 모으기 위해서는 남들에게 있어 보이기 위한 소비는 과감히 중단해야 합니다. 내가 아닌 남을 위한 소비 습관은 버려야 합니다. 종잣돈을 모으기 위해서는 1%의 금리를 더 주는 은행을 찾아다닐 것이 아니라, 과시성 소비 습관을 쓰레기통에 버리는 것이 시작입니다. 하루 1만 원의 커피값 지출을 과감히 줄이는 결단이 종잣돈을 더 빨리, 더 크게 만드는 방법입니다.

 아껴서 종잣돈을 모아 본 경험이 없으면 돈이 얼마나 모으기 어려운 것인지 알 수 없습니다. 그것을 알지 못하면 돈으로 하는 투자에 경솔해지기 마련이죠. 혹시 이 글을 부모님 입장에서 읽고 있다면, 자녀들에게 물려줄 유산이 있더라도 쉽게 결정하지 말았으면 합니다. 절세한다고 증여해서 고가 주택을 넘겨주는 것은 결코 좋지 않습니다. 그것을 담을 그릇이 먼저 준비되어야 합니다. 월급을 쪼개서 생활비 쓰고 적금 들어 저축하며, 허리띠 졸라매고 아등바등 살아 보는 경험을 할 수 있게 내버려 두는 것이 필요합니다. 그런 어려운 경험이 큰 그릇을 만듭니다.

2. 빨리 시작하되 조급함은 버려라

어느 정도 종잣돈이 모아졌다면 투자에 나서야 합니다. 완벽한 준비라는 것은 없습니다. 완벽한 준비에 너무 연연하면 세상에 등장할 타이밍을 놓칠 수 있습니다. 시도를 해야 자신의 부족한 부분을 발견할 수 있고, 이를 보완해 가면서 조금씩 성장하는 것이 투자입니다. 하루라도 빨리 시작해야 하나라도 더 많은 기회를 얻을 수 있습니다. 투자 시장의 대세 상승기는 자주 찾아오지 않습니다. 남보다 한 번이라도 더 좋은 기회를 갖기 위해서는 완벽한 준비에 너무 욕심내지 말고 시도하는 용기를 내야 합니다.

다만, 시작을 빨리하는 것과 조급한 마음을 갖는 것은 완전히 별개입니다. 조급한 마음은 늘 경계해야 합니다. 설사 남보다 준비가 늦어 조금 느리게 시작했다고 해도, 더 오랜 기간 투자 시장에서 살아남겠다는 자신감으로 진입하면 됩니다. 먼저 문을 열지는 못했어도 문을 닫는 것을 할 수 있다면 그게 더 위대한 일입니다. 투자 시장에서는 강한 사람이 살아남는 게 아니라 살아남는 사람이 강한 사람이기 때문입니다.

앞서 복리에 관한 이야기를 잠시 했는데, 복리는 평등의 다른 말입니다. 비록 시작은 작더라도 꾸준히 나아가기만 한다면 결국 무시하지 못할 거대한 자산을 만들어 주는 것이 복리의 힘입니다. 누구나 복리의 마법으로 부자가 될 수 있습니다. 복리는 누구에게나 부자가 될 수 있는 공평한 기회를 제공하는 열린 문입니다.

3. 자신의 채널을 만들어라

제가 블로그를 5년 이상 해 오면서 아주 크게 느끼는 점이 있습니다. 바로 글을 쓰는 것만큼 스스로 생각하게 만들고, 그 생각을 더욱 확장하는 방법도 없다는 것입니다.

부동산이든 주식이든 투자를 오래 지속하기 위해서는 자기만의 기준이 꼭 필요합니다. 판단의 기준 말이죠. 그 기준은 어떻게 만들어질 수 있을까요? 무조건 책을 많이 읽고 강의를 듣는다고 해서 만들어지진 않습니다. 읽고 듣고 배운 것에 내 생각을 가미하여 글로 쓰지 못한다면 책과 강의는 영원히 남의 것일 뿐 내 것이 될 수 없습니다.

투자, 경제, 자본주의 등의 키워드를 주제로 하는 블로그를 하나 만들어서 꾸준하게 자기 생각을 기록해 보기 바랍니다. 처음에는 글을 쓴다는 것이 어색하고 힘들 수도 있습니다. 세상의 모든 것이 그렇듯 처음부터 쉽고 자연스러운 일은 없습니다. 작심삼일이어도 괜찮습니다. 작심삼일을 계속해서 반복하면 됩니다.

"저는 글쓰기를 좋아하지도, 잘하지도 않습니다"라고 말하는 분도 있겠지만, 그것은 해 보기 전엔 알 수 없습니다. 설사 지금 너무 좋아하는 일이라도 평생 좋아할 일인지 아닌지는 모릅니다. 지금은 별로 좋아하지 않는 일도 해 나가는 과정에서 몰랐던 매력을 발견하기도 합니다. 좋아하고 잘하는 대상을 지금 이 시점에서 미리 결정하지 말고, 그저 오늘 하루 내 생각을 기록한다는 가벼운 마음으로 시작해 보기 바랍니다.

4. 남과 비교하지 마라

세상에서 가장 행복한 부자는 자신이 하고 싶은 일로 돈을 버는 동시에 다른 이들의 부에는 관심이 없는 사람이라고 합니다. 남과의 비교는 소중한 자신의 가치를 스스로 갉아먹는 일입니다. 나는 나대로 해 나가면 됩니다. 부자라고 하루 다섯 끼를 먹고 살진 않습니다. 세상에는 다양한 길이 있고, 남과 다른 길을 가더라도 괜찮다는 사실을 이해하면 지금 내가 걸어가는 길이 꽃길입니다.

세상에는 내가 할 일, 다른 사람이 할 일, 하늘이 할 일이 있습니다. 나는 내가 할 일만 하면 됩니다. 위로 견주면 모자라고 아래로 견주면 남습니다. 위로 비교하면 비참해지고 아래로 비교하면 교만해지는 법입니다. 그래서 늘 기준점은 나 자신이어야 합니다. 남이 아닌 어제의 나, 한 달 전의 나, 일 년 전의 내가 비교 대상이 되어야 합니다. 어제의 나, 한 달 전의 나, 일 년 전의 나보다 더 나은 내가 되면 충분합니다.

부는 속도의 경쟁, 남과의 비교 등에서 벗어나 집을 짓는 것처럼 하나하나 차근차근 쌓아 나가는 합니다. 급하게 지을수록 허물어지기 쉽습니다. 조금 늦더라도 기초가 튼튼한 집을 지으려고 마음먹어야 합니다.

5. 책을 읽어라

투자에서 최고의 스승은 경험입니다. 실패의 경험이든 성공의 경험이든, 경험을 통해 배우는 것이 가장 많습니다. 하지만 모든 일을 경험으로 배우기엔 시간이 부족합니다. 또 실패에 대한 희생이 클 수도 있고요. 따라서 다른 사람들의 경험을 통해 교훈을 얻는 것이 효율적이고 지혜로운 방법입니다. 그중 가장 좋은 방법은 독서입니다. 독서는 가장 저렴하게 남의 경험을 살 수 있는 최고의 레버리지이기도 합니다.

투자자의 독서는 단순히 휴식이나 취미의 목적이어서는 안 됩니다. 철저하게 정보 습득, 자기 계발, 변화를 위한 공격적인 독서여야 합니다. 매우 집중해서 읽고 기록해야 합니다.

독서는 인생에 꼭 필요한 것이지만 "시간이 없는데요"라는 핑계를 대기 쉬운 대상이기도 합니다. 하지만 누구나 하루에 30분 정도의 책 읽을 시간은 낼 수 있습니다. 저는 출퇴근 시간, 점심시간, 잠들기 직전 침대 맡에서 하는 독서가 전부입니다. 그마저도 지키지 못할 때가 있지만, 이렇게 독서 시간으로 정해 두고 루틴으로 삼으니 못해도 1년에 30권의 책은 읽습니다. 의미 없는 인터넷 서핑, 게임, 동영상 시청 시간을 조금만 줄이면 독서할 시간은 충분합니다. 독서는 절대 배신하지 않습니다. 독서를 통해 지식을 축적하면 세상을 보는 새로운 눈을 가질 수 있습니다. 그것으로 남들이 보지 못하는 투자의 기회를 잡을 수 있습니다.

6. 욕심을 버리고 기준을 낮춰라

지구상의 모든 생물 중 인간만 욕심을 냅니다. 인간을 제외한 모든 동식물은 주어진 환경과 자신의 몫에 만족하며 삽니다. 무리하게 무언가를 더 갖기 위해 애쓰는 것은 인간이 유일합니다. 우리가 살아가면서 겪는 위기는 대부분 돈 때문에 생깁니다. 더 많이 갖고 덜 뺏기기 위한 싸움 탓입니다. 돈에 대한 욕심을 줄이면 인생은 훨씬 여유로워집니다.

많은 돈을 벌어 편안한 삶을 영위하고 더욱더 행복해지기 위해 투자를 하지만, 돈이 전부가 되어선 안 됩니다. 투자는 순위 경쟁이 아닙니다. 인생에 무엇인가를 얻기 위한 목적만 있다면, 그것을 얻는 순간 우리 인생은 멈추게 됩니다. 세상을 더 많이 살아온 분들은 잘 아시죠? 결과도 중요하지만, 과정도 중요하다는 것을요.

투자도 분수껏 해야 합니다. 내 수준에 맞아야 합니다. 굳이 뛰어넘지도 못할 허들을 넘으려고 할 필요는 없습니다. 넘지 못한 자신을 자책하고 괴로워할 뿐이니까요. 탐욕이 자신을 지배하게 해서는 안 됩니다. 탐욕의 끝이 좋았던 사람은 없습니다. 분수에 맞게 욕심의 허들을 좀 낮추는 것이 좋습니다. 충분히 넘을 수 있는 허들만 완벽하게 넘으면 됩니다. 그렇게 작은 성공을 누적해가는 것으로도 경제적 여유를 달성하기에 충분합니다. 홈런을 쳐야 한다는 부담에서 벗어나기 바랍니다. 투자의 세계에선 3할 정도면 됩니다.

그렇다고 욕심을 완전히 버리라는 말이 아닙니다. 과한 욕심을 버리라는 것입니다. 과욕을 버리고 적당한 욕심을 내는 것이 현명합니다. 적당한 욕심은 성장과 발전의 계기가 되기 때문입니다.

7. 기회는 늘 찾아온다

투자로 성공하기 위해 꼭 기회의 횟수가 많아야 하는 것은 아닙니다. 적은 것보다는 많은 것이 좋겠지만, 기회가 적어도 꽤 괜찮은 선택 몇 개만으로 우리는 충분히 부자가 될 수 있습니다. 훌륭한 타자는 나쁜 공에 방망이를 휘두르지 않습니다. 노리는 공이 들어올 때까지 기다립니다. 급한 마음에 좋아하지도 않는 공에 선뜻 손을 대면 병살타가 되기 마련이죠. 그럴 바엔 차라리 삼진이 낫습니다. 그러고서 다음 기회를 노리는 것입니다.

기회의 양보다는 기회의 질이 중요하고, 기회의 질을 높이기 위해서는 내가 얼마나 준비되어 있는지가 중요합니다. 앞서 말했던 종잣돈, 지식, 마인드 등에서 어떤 준비를 해 두고 기회를 맞이하느냐에 따라 지렛대 삼아 점프할 수 있는 폭이 달라집니다. 기회는 버스와 같습니다. 다음 버스처럼 다음 기회는 언제든 다시 찾아옵니다. 살아서 버티기만 하면 우리는 투자의 세계에서 좋은 기회를 분명 몇 차례 만나게 될 것입니다. 기회를 놓쳤다고 한탄할 것이 아니라, 기회를 볼 줄 아는 안목을 갖는 것이 더 중요합니다.

8. 긍정적인 마인드를 가져라

앞서 기회에 관해 이야기를 했지만, 기회는 긍정적인 사람에게 더 잘 보입니다. 똑같은 상황에서도 부정적인 사람에게는 문젯거리만 보입니다. 긍정적인 사람은 성장과 보상에 집중하지만, 부정적인 사람은 위험과 손실에 집중합니다. 그렇기 때문에 긍정적인 사람이 부자가 될 확률이 더 높은 것입니다.

투자 세계에서는 늘 성공만 있을 수 없습니다. 크고 작은 실패가 비일비재합니다. 그때마다 좌절하고 우울감에 빠져서는 밝은 미래를 도모할 수 없습니다. 훌훌 털고 다시 시작할 수 있는 단단한 마음을 갖는 것 또한 성공의 기회를 볼 줄 아는 안목을 갖는 것 못지않은 긍정의 힘입니다.

물론 긍정적인 것이 좋다는 사실을 잘 알아도 성격을 고치는 일은 쉽지는 않습니다. 사람의 성격은 잘 바뀌지 않습니다. 어릴 때 형성된 성향이 성장하면서 점점 고착되어 어른이 된 후에는 바꾸려 해도 쉬이 바꿀 수 없는 것이 현실입니다. 다만 완전히 성격을 바꾸는 것은 불가능해도 노력하면 조금은 개선할 수 있습니다. 긍정적인 마인드는 꾸준히 노력하면 얼마든지 가질 수 있습니다.

긍정적인 마인드를 갖는 데 좋은 방법 중 하나는 블로그에 글을 쓰는 것입니다. 하루하루 삶을 돌아보며 스스로 칭찬해 주고 싶은 일을 남겨 두는 것입니다. 고마운 사람, 감사한 일 등을 기록해 두는 것도 좋습니다. 그런 글이 하나하나 누적되고 1년이 지나면 나도 모르게 부쩍 세상을 밝게 보는 긍정주의자로 변한 것을 느낄 수 있을 것입니다. 세상의 밝은 면을 볼 줄 아는 사람이 되면, 그 긍정의 에너지가 운으로 찾아옵니다. 옛말에 소문만복래라고 하였습니다. 웃으면 복이 온다는 말입니다. 틀린 말이 아닙니다. 긍정적인 마인드로 긍정적인 행동과 결정을 하나하나 누적해 가다 보면 인생 전체도 긍정적인 방향으로 바뀔 가능성이 큽니다.

9. 대중에서 멀어져라

대중의 심리는 관성을 좋아합니다. 올라갈 때는 끝없이 올라갈 것 같은 탐욕이, 떨어질 때는 하염없이 떨어질 것 같은 공포가 대중의 심리에 내재되어 있습니다. 투자의 세계에서는 이처럼 대중과 똑같은 심리를 가져선 수익을 키울 수 없습니다. 늘 남이 보지 않는 곳에 기회가 있고, 남이 관심 없는 곳일수록 수익의 크기는 더 커집니다. 따라서 모두가 극도로 탐욕스러울 때 공포를 느끼고,

모두가 공포에 떨 때 탐욕을 선택한다면 투자로 돈을 벌 수 있습니다. 대중의 심리에서 멀어져, 투자 시장 또한 자연 속 계절처럼 순환함을 늘 기억해야 합니다.

하지만 이제 사회생활을 시작하는 초년생이 처음부터 남과 다른 길을 찾아가는 것은 현실적으로 어렵습니다. 아무리 남이 가지 않고 보지 않는 곳에 기회와 큰 수익이 있어도, 아무도 개척하지 않은 곳에 홀로 도전하는 것은 리스크가 있는 일이기 때문입니다. 따라서 사회 초년생이라면 남들이 이미 가본 길 속에서 이러저러한 경험을 충분히 해 보는 것이 좋습니다. 수익이 크지 않더라도 리스크가 낮은 도전을 여러 차례 시도한 후, 그것을 기반으로 조금씩 대중과 멀어져도 늦지 않습니다.

10. 도전하고 실행하라

세상에는 두 가지 후회가 있습니다. 시도하지 않은 후회와 시도한 후회입니다. 시도한 후회는 금방 머릿속에서 사라지지만, 시도하지 않은 후회는 망령처럼 오래도록 기억에 남습니다. 젊었을 때는 좋은 경험을 많이 해 봐야 합니다. 설사 처음 계획한 대로 되지 않아 후회가 남더라도 말이죠. 시도한 후회는 오래 남지 않기 때문입니다. 오히려 그 시도 속에서 많은 것을 배우고 다시 시도해 볼 수 있는 용기를 얻습니다.

실패를 너무 두려워하지 말기 바랍니다. 우리의 인생에는 원래 성공보다 실패가 더 많습니다. 실패는 성공으로 가기 위한 과정입니다. 실패를 망한 것으로만 받아들이지 않으면 됩니다. 제가 알고 있는 성공한 투자자들 모두 실패를 경험했습니다. 하지만 그들은 실패에서 무언가를 얻어 내려 하였고, 그것을 성공의 발판으로 삼았습니다.

작은 투자금으로 다양한 투자 경험을 많이 쌓아 보기 바랍니다. 어느 정도 됐다는 자신감을 가지기 전까지는 작은 투자 시도를 많이 경험해 보는 것이 중요합니다. 그러한 과정 중에 성공하기도 실패하기도 하겠지만, 긴 투자 인생에서는 그 결과보다 성공과 실패 속에서 무엇을 배우고 남기느냐가 더 중요한 부분입니다.

이제 막 경제활동을 시작한 사회 초년생에 하고 싶은 조언 10가지를 말씀드렸습니다. 하나 당부하고 싶은 것은 이 조언들을 꼭 실행해 보라는 것입니다. 한번 읽고 그냥 잊어버리면 아무런 소용이 없습니다. 행동으로 옮기고 반복해야 진정 내 것이 됩니다. 투자는 긴 호흡입니다. 3개월 바짝 해서 될 수 있는 게 아닙니다. 10가지 조언 하나하나를 스스로 체득하여 자연스럽게 내 것으로 만들 수 있다면 오랜 기간 맘 편한 투자, 훌륭한 수익을 내는 투자를 해 나갈 수 있으리라 확신합니다.

chapter 4

오래 가는
부동산 투자자의
습관

부동산 투자로 주변을 도와라

우리가 부동산 투자를 하는 이유는 나와 내 가족을 위해서입니다. 나와 내 가족이 여유 있게 잘살기 위해서죠. 그것이 1차 목표이고, 누구에게나 예외가 없습니다.

이 1차 목표를 어느 정도 달성하였다면 그때부터는 주변을 살피고 주변 사람들을 도울 수 있어야 합니다. 부모님, 형제들, 친구들, 회사 동료들이 그 대상입니다.

이들이 무주택이면 주택을 보유할 수 있게 잘 안내하고 설명해야 합니다. 부동산 투자에 관심이 있다면 어떻게 공부하고 준비해 나가면 될지, 그 방법과 노하우를 공유해야 합니다.

주변 사람들을 챙겨 다 같이 잘되는 것이 투자의 2차 목표입니다. 절대 혼자만 잘되어서는 안 됩니다.

혼자만 잘되면 주변의 부러움을 살 것 같지만 실상은 그렇지 않습니다. 사람의 마음은 간사해서 부러움보다는 시기를 받을 가능성이 큽니다. 가족이어도 그렇습니다. 친구들, 회사 동료들도 그렇고요. 사람이기 때문에 그렇습니다.

또한, 혼자만 잘되면 외롭습니다. 좋은 일은 함께 나눠야 그 기쁨이 배가 되고 시너지가 발휘되는 법인데, 같이 나눌 사람 없이 혼자만 잘되어서는 성공도 빛이 바랠 수 있습니다.

나는 아파트 10채를 가지고 있는데 아버지, 동생은 무주택으로 살고 있으면 행복할까요? 행복하지 않습니다. 가족 사이가 멀어집니다. 친구도 마찬가지입니다. 혼자만 잘되면 친구 관계를 오래 지속할 수 없습니다. 비슷하게 어깨를 나란히 해야 관계가 오래 지속됩니다.

저는 요즘도 매년 한두 번씩 친한 친구들과 함께 투자 워크숍을 갑니다. 부산, 세종, 대구, 원주, 목포 등등 전국의 많은 지역을 같이 다니고 있습니다. 먹고 노는 여행도 겸하지만, 같이 부동산 물건도 보고 중개업소 사장님도 만나면서 함께 투자 공부를 하는 사이이기도 한 것이죠. 그렇게 워크숍을 하다 보니 각자 다른 생각이나 관점을 공유할 수 있게 되어 사고가 확장되는 장점이 있습니다.

투자 워크숍은 제가 먼저 제안하였습니다. 친구들도 부동산에 관심을 갖게 해 주고 싶었기 때문입니다.

저는 친구들에게 어떤 지역에 투자하고 그 투자의 결과가 어떠한지 모두 공개합니다. 제가 관심 있게 보는 물건 중에 좋은 것이 있으면 추천도 하고요. 그렇게 권한 물건을 좋은 가격에 처분한 친구도 있고, 장기로 보고 아직 보유하고 있는 친구도 있습니다.

이렇게 친구들의 투자에 작은 도움을 준 이후, 제 투자에도 한결 여유가 생겼습니다. 혼자만 잘되고자 했다면 아무런 정보도 공유하지 않았을 테고, 결국 친구들과의 관계도 멀어졌을 것입니다. 아무리 투자와 돈이 좋아도 친구가 없다면 아무런 의미가 없습니다.

사실 누군가에게 투자 조언을 해 준다는 것이 말처럼 쉬운 일은 아닙니다. 돈이 걸린 문제이기 때문입니다. 잘되면 모두 웃을 수 있지만, 잘 안되면 아무리 가족이나 친구여도 관계가 불편해질 수 있습니다.

그래서 저는 먼저 솔선수범합니다. 저부터 투자합니다. 제가 먼저 투자를 하고 권하는 편입니다. 나는 하지 않으면서 상대방에게 권하면 신뢰가 쌓이지 않습니다.

꼭 엄청난 정보가 있어야 도와줄 수 있는 것도 아닙니다. 내가 아는 범위 내에서 솔직하게 이야기해 주면 되는 것이죠. 가감 없이 정보와 생각을 공유하면 됩니다. 그것을 받아들일지 여부는 제 소관이 아닌 것이죠. 그것은 듣는 사람의 마음입니다. 그저 도와주고 싶은 마음만 전하면 됩니다. 그럼 설사 선택을 한 내가 잘되고, 선택을 하지 않은 친구가 잘되지 않아도 나를 미워하는 일은 없습니다. 도움을 주려 했던 선의는 마음속에 남아 있기 때문입니다.

『돈키호테』에 이런 말이 나옵니다.

부에서 자라나는 만족은 단순한 소유나 내키는 대로의 지출이 아니라 현명한 사용에서 얻어지는 것이다.

내가 가진 것을 베풀 줄 알아야 진정한 만족, 행복이 얻어질 수 있다는 의미입니다. 부라고 해서 꼭 돈일 필요는 없습니다. 내가 가진 재능, 생각 등도 넓게 보면 부와 재산이니까요.

선물을 주는 것은 선물을 받는 것보다 더 큰 기쁨을 줍니다. 사랑도 주는 것이 받는 것보다 더 큰 행복감을 안겨 주고요. 얼핏 생각하기에 선물과 사랑을 받는 일이 더 기쁠 것 같지만, 받는 것은 내가 결정할 수 없는 문제이고 주는 것은 내가 결정할 수 있는 문제입니다. 받아야만 기쁘고 행복해질 수 있다면 우리는 늘 남이 그것을 채워 주길 기다려야 합니다. 반면에 내가 먼저 주는 기쁨에 익숙하면 삶을 훨씬 더 주도적으로 살 수 있습니다.

제가 부동산 투자를 하면서 기쁘고 보람을 느낄 때는 제 투자가 잘되었을 때도 물론 그렇지만, 그에 못지않게 주변 사람을 도와 그 사람이 잘되었을 때였습니다.

행운에 속지 마라

지난 2002년 월드컵에서 대한민국은 4강에 오르는 신화를 썼습니다. 그전까지 월드컵 본선 첫 승도 없던 팀이 포르투갈, 이탈리아, 스페인 등 축구 강국을 연이어 물리치며 4강에 올랐으니 그야말로 기적과 같은 일이었죠. 홈그라운드의 이점을 감안하더라도 16강 진출 정도라면 모를까, 누구도 예상하지 못한 월드컵 4위의 기록이었습니다. 도대체 대한민국은 어떻게 월드컵 4강 신화를 만들어 낸 것일까요?

마이크로소프트를 창업한 빌 게이츠는 마르지 않는 샘물 같은 윈도우Windows와 오피스Office를 소유한 덕분에 아주 오랫동안 세계 제1의 부호 자리를 유지해 왔습니다. 빌 게이츠가 크게 성공할 수 있었던 이유는 1970년대 후반부터 본격적으로 개인용 컴퓨터가 보급된 영향이 컸습니다. 만약 그가 자유롭고 개방적인 미국이라는 나라에서 태어나지 않았거나, 조금 더 일찍(혹은 조금 더 늦게) 태어났어도 성공의 기회를 잡을 수 있었을까요?

아마 여러분은 운칠기삼이라는 말을 들어 봤을 겁니다. 일의 승패에는 운이 7할, 실력이 3할의 영향을 준다는 뜻입니다. 아무리 실력이 좋아도 운때가 맞지 않으면 원하는 결과를 얻지 못한다는 세상의 이치 같은 것입니다. 그럼 대한민국 축구대표팀이 월드컵에서 4강에 오르고, 빌 게이츠가 세계적인 부호가 된 것 또한 운칠기삼일까요? 실력보다는 운이 더 많이 작용한 결과였을까요?

분명한 것은 그들의 성공에 행운이 따랐다는 것입니다. 그것은 사실입니다. 하지만 우리는 왜 대한민국 축구와 빌 게이츠가 그런 행운을 얻을 수 있었는지, 그 과정과 이유를 생각해 봐야 합니다.

대한민국 축구대표팀이 4강에 오를 수 있었던 것은 국가대표팀을 프로 클럽팀과 같은 분위기로 만들어 오랜 기간 강도 높은 훈련과 연습을 한 결과였습니다. 선수 한 명 한 명의 실력은 조금 떨어지더라도 이를 조직력으로 만회한 것입니다. 빌 게이츠는 엄청난 독서광이었습니다. 식탁에서도 책을 놓지 않아 부모가 늘 나무랐다고 합니다. 많은 사람이 빌 게이츠를 그저 수완 좋은 사업가로 알고 있지만, 사실 그는 수학과 컴퓨터 과학 분야를 학문적으로 깊이 공부한 연구자였습니다.

대한민국 축구대표팀과 빌 게이츠, 모두 기본기가 갖춰져 있었던 것입니다. 실력이 갖춰져 있었기에 그들 앞에 찾아온 행운을 잡을 수 있었습니다. 행운은 절대 가만히 있는 사람에게 찾아오지 않습니다. 준비된 자만이 행운을 얻을 수 있으며, 기회는 행운을 얻은 자가 누리는 특권입니다.

투자 또한 마찬가지입니다. **투자에서 고수와 하수와의 차이는, 하수는 행운만 기대하지만 고수는 최선의 준비를 다한 뒤 행운을 기대한다는 것입니다.** 고수라고 운을 부정하는 것은 아닙니다. 운의 역할이 중요하다는 건 고수 또한 잘 알고 있습니다.

다만, 고수는 운을 통제할 수 없는 영역에 둡니다. 반면 실력은 스스로 통제할 수 있는 영역 안에 둡니다. 실력을 갈고닦아 최선을 다하는 것은 나의 몫이지만, 그에 관한 결과는 하늘의 뜻이라는 것이죠.

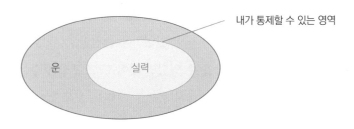

이것이 바로 진인사대천명입니다. 내가 할 수 있고, 해야 할 일을 다하고 나서 하늘의 뜻을 기다린다는 의미입니다. 진인사는 내가 관리할 수 있는 영역이고, 대천명은 내가 관리할 수 없는 영역입니다. 내가 관리할 수 없는 영역은 담담히 받아들여야 합니다.

우리는 실력을 먼저 갖춘 사람이 되어야 합니다. 실력이 기본입니다. 실력을 등한시해서는 안 됩니다. 실력을 갖추고 꾸준히 해 나가다 보면 행운은 자연스레 찾아옵니다. 실력을 갖춰야 찾아온 행운을 단번에 알아볼 수 있습니다. 행운을 알아봐야 그것을 잡을 수 있는 행동으로 연결되는 것이죠.

2022 카타르 월드컵 가나전에서 두 골을 넣은 조규성 선수는 경기 후 이런 말을 합니다.

> 저는 별것 없는 선수인데 월드컵이라는 무대에서 골을 넣었습니다. 보잘것없는 선수였는데 골을 넣어서 믿기지도 않습니다. 끝까지 나 자신을 믿고 꿈을 위해 좇아가면 이런 무대에서도 골을 넣을 수 있는 것 같습니다.

겸손하게 이야기하였지만, 실력이 없었다면 월드컵 무대에 서지 못했을 것입니다. 실력을 갖추고 준비가 되어 있었기에 출전할 수 있었고, 출전한 경기에서 찾아온 기회를 잡을 수 있었던 것이죠. 조규성 선수는 두 골을 믿기지 않는 행운으로 생각했을지 몰라도 우리는 모두 압니다. 그의 행운은 준비된 행운이었다는 것을 말이죠.

여러분이 지난 부동산 시장의 상승장에 올라탈 수 있었던 것은 실력 때문이었나요, 아니면 우연히 찾아온 행운 때문이었나요? 행운만 바라보는 바보가 되어서는 안 됩니다. 실력도 갖추기 전에 행운부터 찾아선 안 됩니다. 실력이 없으면 행운은 보이지 않으며, 간혹 실력 없는 사람에게 찾아온 행운은 오래 머물지 않습니다. 부디 행운에 속지 말기 바랍니다.

행운을 부르는 3가지 방법

'앞서 행운에 속아서는 안 된다고 해놓고 '행운을 부른다'고 하니 이율배반적이지 않나?'라고 생각할 수 있지만, 그렇지 않습니다. 행운에만 기대는 것과 행운을 부르는 마음가짐과 자세를 가지는 것은 완전 별개이기 때문입니다. 투자 과정에서는 운이 작용할 때가 많습니다. 똑같이 투자해도 나보다 좀 더 잘되는 사람이 있습니다. 특별히 나보다 더 노력한 것 같지도 않은데, 결과는 더 좋은 것이죠. 왜 그럴까요? 그것은 다름이 아니라, 바로 행운이 가미되었기 때문입니다.

투자에서 성공할 수 있는 행운을 부르는 것은 신의 영역입니다. 하늘이 정해 주는 대로 받아들일 수밖에 없는 것입니다. 다만 그래도 다행스러운 일은 행운이라는 것을 통제할 수는 없지만, 행운이 나를 찾아올 수 있도록 그 길을 잘 닦아 두는 일은 가능하다는 것입니다. 그것은 우리의 노력 여하에 달렸으며, 우리의 통제 범위 내입니다. 바로 그 행운을 부르는 세 가지 방법에 대해 이야기해 보겠습니다.

1. 하늘은 스스로 돕는 자를 돕는다

'하늘은 스스로 돕는 자를 돕는다'라는 말을 들어 봤을 것입니다. 이 말의 의미를 곰곰이 생각해 본 적이 있나요? 의미는 어렵지 않습니다. 말 그대로입니다. 자기 스스로 돕는 자를 하늘도 돕는다는 것입니다.

그럼 자기 스스로를 돕는다는 것은 또 무슨 의미일까요? 그것은 남에게 의지하지 않는다는 뜻입니다. 남에게 의지하지 않을 수 있는 것은 자신만의 무언가를 가지고 있기 때문입니다. 부동산 투자에서 그것은 바로 기준과 원칙입니다.

자신만의 원칙과 기준을 가지고 홀로 준비가 된 사람에게 하늘은 먼저 기회를 줍니다. 하늘 입장에서는 적은 노력으로 큰 성과를 낼 수 있는 레버리지 효과가 큰 투자이기 때문입니다. 행운은 가만히 있는 사람에게는 절대로 찾아오지 않습니다. 준비된 사람만 행운을 얻을 수 있으며, 기회는 행운을 얻는 사람이 누리는 특권입니다. 부동산 투자에 관한 꾸준한 공부와 관심으로 자신만의 가치와 기준을 만들어 낸 사람은 남에게 의지하지 않습니다. 강한 내면의 생각과 주관을 지니고 있기 때문입니다. 하늘은 이런 사람을 돕습니다.

2. 주어진 상황을 긍정적으로 받아들여라

하늘은 밝은 기운, 긍정적인 기운을 좋아합니다. 불만이 많고 우울한 기운에는 하늘의 운이 깃들 수 없습니다. 부정적인 생각 속에서도 운이 좋아 성공적인 결과물이 만들어진 사례를 본 적

있나요? 불만은 노예의 마음입니다. 반대로 긍정은 주인의 마음입니다.

이미 엎질러진 물은 다시 담을 수 없습니다. 하지만 불만이 많은 사람은 엎질러진 물을 탓합니다. 불만을 표출해서 물을 다시 담을 수 있다면 불만도 나름의 가치가 있을 것입니다. 하지만 불만을 표출해도 달라지는 일이 하나도 없다는 것은, 물을 다시 담을 수 없는 것과 같은 이치입니다.

주어진 상황을 담담하게 받아들이는 것이 시작입니다. 지금의 여건을 인정하고, 이 상황에서 할 수 있는 최선을 찾아내는 것이 중요합니다. 다른 것에 책임을 전가하고 남을 비난하는 부정적인 기운은 행운을 멀리 내쫓습니다. 주어진 상황을 어떻게 바라보냐에 달렸습니다.

예전에 제가 투자한 물건에 월세로 살던 임차인이 있었습니다. 몇 달 월세를 잘 내다가 연체가 되기 시작하더니, 그 기간이 1년이 넘어 버렸습니다. 저도 월세를 받아 이자를 내야 하는 상황이었던지라 부득이 연락을 할 수밖에 없었죠. 그런데 이야기를 들어 보니 그럴 만한 사정이 있었습니다. 같이 살던 아들이 교도소에 수감되면서 수입원이 끊긴 것입니다. 임차인은 간곡히 당분간 사정을 좀 봐 달라고 말했습니다.

그때 제가 내린 결론은 '그래, 좋은 일 한다 생각하고 편의를 봐 드리자. 그 어머니의 말은 진심이니까, 믿고 기다려 드리자'였습니다. 이렇게 긍정적인 마음을 먹고 사정을 봐 드렸습니다.

저는 최근에 이 물건을 매도했습니다. 이자를 다른 수입으로 대체하느라 조금 불편함을 겪긴 했지만, 그것을 훨씬 상쇄할 만큼의 큰 수익을 냈습니다. 요즘 시장 분위기도 좋지 않은데, 좋은 가격에 사 줄 매수자가 나타난 것은 행운이었습니다.

어떻게 이런 행운이 찾아왔지? 곰곰이 생각해 보니, 세입자의 사정을 봐준 것 때문이라는 생각이 들었습니다. 세입자가 집을 적극적으로 보여 주는 등의 협조가 없었다면 매도는 쉽지 않았을 것이고, 수익을 실현하지도 못했을 것입니다. 냉정하게 명도 소송을 진행해서 세입자를 내쫓았다면 이런 일은 없었을 것이라고 생각합니다.

어차피 발생한 상황이라면 긍정적으로 생각하고, 상황에 맞는 적절한 전략을 찾는 것이 행운을 부르는 두 번째 방법입니다.

3. 먼저, 기버가 되어라

어떤 사람이 부처님을 찾아가서 이렇게 물었습니다.

"저는 하는 일마다 제대로 되는 일이 없으니, 그것은 무슨 이유 때문입니까?"

그러자 부처님은 "그것은 네가 남에게 베풀지 않았기 때문이니라"라고 답했습니다.

그러자 그 사람은 "저는 아무것도 가진 게 없는 빈털터리입니다. 남에게 줄 것이 있어야 주지 뭘 준다는 말입니까?"라고 물었습니다.

이에 부처님은 "그렇지 않으니라. 아무리 재산이 없더라도 줄 수 있는 일곱 가지는 누구나 다 있는 것이니라"라고 말씀하시며 다음과 같이 일곱 가지를 제시하였습니다.

첫째 자안시, 부드러운 눈빛으로 다른 이들을 대하는 것이요. 둘째 화안시, 따뜻한 미소를 지으며 자비로운 얼굴로 다른 이들을 대하는 것이요. 셋째 언사시, 한마디의 말이라도 부드럽고 공손하게 하는 것이요. 넷째 사신시, 몸으로 다른 이들을 돕는 것이요. 다섯째 심려시, 따뜻한 마음으로 다른 이들을 배려하는 것이요. 여섯째 상좌시, 때와 장소에 맞게 다른 이들에게 자리를 내주어 양보하는 것이요. 일곱째 방사시, 방을 깨끗하게 준비해서 머물 곳이 없는 이를 하룻밤을 재워 주는 것이니라.

"네가 이 일곱 가지를 행하여 습관을 붙이면 너에게 행운이 따르리라"라고 말씀하셨습니다.

부처님의 가르침 중 하나인 「칠재무보시無財七報施」에 나오는 내용입니다. 이처럼 돈이 없어도 줄 수 있는 것이 존재하고, 이런 것을 주변과 나누는 기버giver가 된다면 행운이 따르고 부자가 될 수 있습니다. 덕이 나에게 오기 전에 내가 먼저 덕을 베풀어야 합니다. 원인 없는 결과는 없습니다. 세상사 뿌린 대로 거두는 것입니다. 뿌리는 것이 먼저이지, 거두는 것이 먼저일 순 없습니다.

먼저 베풀라고 해서 무조건 손해를 보면서까지 베풀라는 의미는 아닙니다. 내 이익을 취하되 상대방의 이익도 같이 생각해 주라는 것입니다. 더 중요한 점은 기버로 살기 위해 내가 가진 것이 이미 충분히 많다는 진리를 발견하는 일입니다.

투자, 행복, 돈, 인맥 등에서 우리가 늘 기억해야 하는 것은 먼저 주는 것입니다. 성공하는 가장 간단한 방법은 남보다 먼저 하나를 더 주는 것이기 때문입니다. 먼저 베푸는 그 선한 마음에 행운이 깃듭니다.

막연히 기다린다고 해서 행운이 찾아오는 것은 아닙니다. 행운이 찾아올 수 있는 준비와 자세가 필요합니다. 이 세 가지 방법을 투자 과정에서, 그리고 일상 속에서 꼭 실천해 보기 바랍니다.

경계해야 할 2가지 욕심

———

제자 자공이 공자에게 물었습니다.

"자장과 자하 중에 누가 더 낫습니까?"

"자장은 지나치고 자하는 미치지 못한다."

"자장이 낫다는 말씀이십니까?"

"지나침은 미치지 못한 것과 같다."

우리가 익히 잘 알고 있는 『논어』의 과유불급 이야기입니다. 무엇이든 지나치게 많거나 적은 것은 좋지 않다는 뜻입니다.

욕심도 그렇습니다. 사실 욕심 자체에는 아무런 문제가 없습니다. 지나칠 때 문제가 되고, 너무 없을 때 문제가 됩니다. 욕심이 지나치면 탐욕이 되고, 욕심이 너무 없으면 무기력에 빠질 수 있습니다. 따라서 적당한 욕심이 중요합니다. 적당한 욕심은 우리가 인생을 살아가는 데 필요한 동기부여와 자기계발의 원동력이 될 수 있습니다.

그럼 적당한 욕심인지 지나친 욕심인지 어떻게 구분할 수 있을까요? 내가 바라던 바가 이루어지지 않아도 괴롭지 않으면 적당한 욕심이고, 괴로운 마음이 들면 지나친 욕심입니다. 그래서 우리는 욕심과 마주할 때 자기 자신에게 물어야 합니다. '이 욕심이 채워지지 않아도 괜찮은가? 괴롭지 않은가?'라고 말이죠. 사실 이런 질문을 할 수 있다면 이미 욕심을 잘 관리하고 통제하는 사람입니다. 여러분은 어떤가요?

우리는 투자자입니다. 투자를 해 나가는 과정에서 자주 욕심과 마주치게 됩니다. 우리가 투자를 하면서 마주치는 욕심은 크게 두 가지 중 하나입니다. 첫 번째는 지금보다 더 가지겠다는 욕심이고, 두 번째는 다른 사람을 이기겠다는 욕심입니다.

이기고 싶고 가지고 싶은 건 사실 인간의 당연한 본능이고 욕구입니다. 누구나 그런 욕심이 있습니다. 문제는 정도입니다. 적당한 욕심에서 벗어날 때 문제가 발생합니다. 특히 투자에서는 모자란 것보다 지나친 욕심을 가질 때 일이 어그러지고 생각지 못한 곤욕을 치르는 경우가 많습니다. 뒤늦게 '그때 욕심을 좀 내려놓을걸' 하며 후회해도 소용없습니다.

1. 지금보다 더 가지겠다는 욕심

2021년 말에 한 구독자분이 이런 질문을 했습니다.

투자금 5,000만 원을 들여 3억 원에 매수한 아파트를 2년 정도 보유하고 5억 원에 팔려 했더니, 주변에서 말리더란 것입니다. 더 오를 텐데 너무 일찍 판다고 말이죠. 그런 이야기를 들으니 아까운 것 같기도 하고, 매도가 주저된다며 저에게 어떻게 하면 좋겠냐고 물었습니다.

저는 이렇게 반문했습니다. "세금을 생각하지 않으면 투자금 대비 400% 수익이 난 것인데, 여기서 더 욕심을 내시는 건가요?"라고 말이죠.

욕심은 갖되 다 가지려 하지 말고 적당히 취하는 것이 좋습니다. 선택을 잘하기 위해서는 욕심을 잘 버려야 합니다. 최고점에 매도하려고 욕심내지 말아야 합니다. 우리는 최고점을 알 수 없습니다. 한 번의 투자에서 승부를 내려고 하지 마세요. 적당한 수익을 꾸준하게 누적해 가는 것이 현명한 투자자입니다.

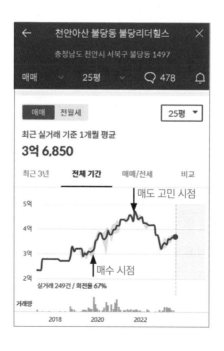

상담을 요청한 분이 5억 원에 매도를 했는지 아니면 욕심을 버리지 못하고 결국 매도 시기를 놓쳐 아직 보유하고 있는지는 알 수 없지만, 최근 시세를 확인해 보니 3억 7,000만 원가량으로 하락해 있었습니다. 물론 여전히 수익권이긴 하지만 수익률은 400%에서 120%로 크게 줄어들었습니다.

2. 다른 사람을 이기겠다는 욕심

투자의 세계에서 빠르고 느린 것은 중요하지 않습니다. 투자는 경쟁이 아닙니다. 지금은 나보다 조금 앞선 것처럼 보여도 멀리 보면 어차피 도토리 키 재기입니다. 비슷한 수준끼리 아웅다웅하는 모습인 것이죠. 조금 느려도 괜찮습니다. 경쟁에서 이겼을 때 느껴지는 짜릿한 쾌감과 보상에서 우리는 조금 거리를 둘 필요가 있습니다.

경계해야 할 것은 조급함입니다. 욕심을 동반한 조급함이 생기는 순간을 정말 조심해야 합니다. 조급함이 투자를 지배하면 그간의 성과는 한꺼번에 무너질 수 있습니다. 성공적인 투자를 위해 경계해야 할 단어는 '조급함'이고, 꼭 잊지 말고 기억해야 할 단어는 '꾸준함'입니다. 조급하지 않게 꾸준하게 투자해 나가려면 결국 기준을 남이 아닌 나에게 두어야 합니다. 기준점은 어제의 나, 한 달 전의 나, 일 년 전의 내가 되어야 합니다.

저의 투자 신조 중 하나는 '이래도 좋고, 저래도 좋아야 한다'는 것입니다. 가지면 좋지만 못 가져도 괜찮습니다. 꼭 가져야 하는 것이 목표가 아니기 때문입니다. 결과가 좋으면 당연히 좋고, 설사 결과가 좀 안 좋더라도 과정이 좋았으면 만족합니다. 결과가 전부는 아니기 때문입니다.

다 가져야만 행복한 것이 아닙니다. 결과가 모든 것을 말해 주는 것도 아니고요. 경쟁에서 승리하는 것만을 목표로 두지 마세요. 늘 욕심을 경계해야 합니다.

모두가 나의 고객

다른 투자와는 달리 부동산 투자 과정에서는 많은 사람을 만나게 됩니다. 거래 상대방인 매수인 또는 매도인, 임차인, 중개업소 소장님, 법무사, 세무사, 인테리어 업체 대표님 등등이 바로 그 대상입니다.

저는 성격이 좀 소심하고 낯을 가리는 편이라 처음 부동산 투자를 시작할 땐 낯선 사람들을 만나는 것 자체가 스트레스였습니다. 더욱이 이들과 협상과 조정을 거치고 때로는 팽팽한 긴장감 속에서 기 싸움을 벌여야 할 때 참으로 어색하기만 했습니다. 돈과 시장 흐름을 볼 수 있는 안목만 있으면 될 줄 알았는데, 그게 전부가 아니었습니다. 어쩌면 투자 자체는 쉽습니다. 투자 과정에서 만나는 사람들과의 관계가 더 어려울 때가 많았고, 투자를 하면 할수록 사람들과 좋은 관계를 맺는 것이 수익을 내는 일만큼 중요하다는 생각을 자주 하게 됩니다. 늘 문제의 99%

는 인간관계에서 비롯되기 때문이죠.

부동산 투자를 해 나가는 과정에서 만나는 사람들과의 관계에 관해 제가 조언하고 싶은 것은 두 가지입니다.

첫 번째는, 모두가 나의 고객이라고 생각하는 것입니다.

저는 임차인과 좋은 관계를 맺기 위해 무척 애쓰는 임대인입니다. 명절이면 작은 선물을 보내면서 명절 인사하는 것을 잊지 않습니다. '바꿔 달라, 고쳐 달라'는 임차인의 요구를 대부분 수용합니다. 늘 예의를 갖춰 말하고 고충 사항은 내 일처럼 진심을 다해 듣습니다. 이렇게 하는 이유는 임차인이 저의 고객이기 때문입니다.

보증금 1억 6,000만 원이 껴 있는 2억 원짜리 집을 매수할 때 필요한 돈은 4,000만 원입니다. 2억 원이 아니라 4,000만 원으로 매수할 수 있는 이유는 임차인의 보증금이 있기 때문입니다. 임차인의 보증금이 없었다면 저는 그 집을 매수하지 못했을 것입니다. 2억 원짜리 집의 가격이 올라 3억 원이 되면, 그 1억 원의 수익은 모두 저의 몫입니다. 임차인이 1억 6,000만 원을 보탰지만 수익금은 단 한 푼도 가져가지 못합니다. 이처럼 제가 투자를 하는 데 임차인은 없어서는 안 될 존재입니다. 한마디로 고마운 고객입니다. 그러니 진심을 다해 잘해 줄 수밖에 없습니다.

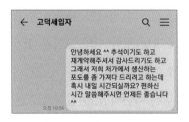

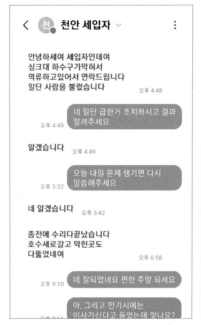

　임차인 못지않게 중개업소 소장님과의 관계도 매우 중요합니다. 지방 투자를 많이 하는 저는 현지에 거주하는 소장님에게 의지할 때가 많습니다. 현지 부동산 시장의 분위기를 가장 잘 알고 있는 소장님의 생각과 의견은 고급 투자 정보입니다. 또 세를 맞춰 둔 집에 하자가 생기면 소장님에게 처리를 대신 부탁할 때도 많습니다. 무슨 일이 있을 때마다 제가 직접 내려가 처리할 수는 없기 때문입니다.

　이처럼 현지 부동산 시장의 정보를 제공해 주고 번거로운 일에도 협조해 주는 중개업소 소장님 또한 저의 고마운 고객입니다. 그래서 저는 부동산 중개 수수료를 절대 깎지 않습니다. 오히려 더 얹어 줄 때가 많습니다. 물론 돈이 전부는 아니지만, 현실적으로 돈이 가장 확실한 보상이고 인센티브이기 때문입니다. 임차인과 마찬가지로 소장님에게도 기회가 될 때마다 작은 성의 표시를 하는 데 돈을 아끼지 않습니다.

음료수를 먼저 꺼내고 돈을 넣는 자판기는 이 세상에 존재하지 않습니다. 내가 먼저 베풀고 다가가야 상대방의 마음을 얻을 수 있습니다. 투자 과정에서 만나는 사람들을 모두 나의 고객으로 생각하세요. 모두 나에게 도움을 주는 고마운 사람들입니다. 그들이 없다면 나의 투자가 성공할 수 없습니다. 그들은 나의 성공을 돕는 사람들입니다.

두 번째는, 내가 조금 손해를 본다고 생각하는 것입니다.

저는 투자 과정에서 만나는 사람들에게 늘 최선을 다하지만, 제가 최선을 다한다고 상대방도 항상 저에게 최선을 다하는 것은 아닙니다. 때로는 아무리 애써도 마음을 얻기 어려운 사람도 있습니다. 따라서 먼저 마음을 내주었다고 해서 상대방도 똑같이 마음을 내줄 것으로 기대해선 안 됩니다. 기대는 실망을 부릅니다. 준만큼 받을 수 있을 거라고 기대하지 마세요. 그냥 내가 먼저, 그리고 더 많이 준다고 생각하세요. 내가 조금 손해를 본다는 생각으로 사람을 대하면 그 관계는 좋아집니다.

나도 그렇지만 상대방에게도 이기심과 욕심이 있습니다. 나에게는 나의 이익이 가장 중요하듯이 상대방에게는 상대방의 이익이 가장 중요합니다. 각자 서로의 이익과 이해관계를 따져서 주고받는 것이죠. 그러니 이기심과 욕심을 무조건 나쁘다고 단정 지어선 안 됩니다. 인간이 갖는 당연한 본능이라는 것을 이해하고 상대방을 대해야 그 사람을 미워하거나 서운하게 여기지 않습니다.

나와 다른 상대를 인정하고 이해하는 것은 모든 인간관계의 첫걸음입니다. 남의 마음은 절대 내 마음과 같지 않다는 것을 이해하면 상대방을 보다 중립적인 관점에서 마주할 수 있습니다.

저는 기대하지 말고 부탁하라고 말하고 싶습니다. 가끔 우리는 호의를 베풀면서 그에 대한 보답으로 상대 역시 알아서 호의를 베풀기를 바랍니다. 하지만 내가 생각하고 있는 것을 상대방은 전혀 생각하지 않거나 완전히 다른 생각을 하고 있을 수도 있습니다. 그래서 무언가 원하는 것이 있으면 말없이 막연하게 기대하기보다는 부탁을 해야 합니다. 차라리 문제를 정면으로 마주하고 서로의 생각을 터놓고 이야기하는 편이 더 좋을 수 있습니다.

우리의 삶은 인간관계의 총합입니다. 투자 과정 또한 마찬가지입니다. 많은 사람을 만나고, 그들과 소통하며 인간관계가 형성됩니다. 부동산 투자는 저에게 직장 생활 속에서 한정적일 수밖에 없는 인간관계의 폭을 넓혀 주었습니다. 부동산 투자로 재밌고 유쾌한 사람들을 많이 만날 수 있었습니다. 저는 늘 사람들과 밝은 마음으로 관계 맺길 희망합니다. 상대방에게 무언가를 기대하기보다 저부터 좋은 사람이 되려고 노력합니다. 내가 먼저 좋은 사람으로 다가가서 서로 긍정적인 영향을 주고받는 관계가 되길 바랍니다. 저는 부동산 투자로 사람과 세상에 대한 공부를 하고 있습니다. 돈을 많이 버는 것만이 성공은 아닙니다. 사람들과 좋은 관계를 맺고, 그런 관계 속에서 성장하는 자신을 만나는 것도 성공하는 삶입니다.

이래도 좋고 저래도 좋고

얼마 전 제 주변에서 있었던 일입니다.

아들 녀석을 A 중학교로 보내고 싶어 학교 근처로 이사까지 왔는데, 생각지도 않은 B 중학교에 배정받았더랍니다. A 중학교가 집에서 더 가깝고 학업 성취도도 좋은데, 집에서도 멀고 학업 성취도도 낮은 B 중학교에 버스를 타고 통학해야 한다고 생각하니 걱정도 되고 열도 받더란 것이었습니다.

그런데 실망 섞인 하소연을 하던 지인이 요즘엔 정반대의 이야기를 합니다. 아들 녀석의 학업 성적이 아주 좋지는 않아서 A 중학교에 갔더라면 용의 꼬리밖에 못됐을 텐데, B 중학교에 갔더니 뱀의 머리가 되어 반에서 1등을 놓치지 않는다는 것입니다. 자연스레 자존감도 높아지고 자신감도 생겼다며 B 중학교에 배정받은 게 너무 다행이라고 하는 것이었습니다.

작은 사례 중 하나지만, 저는 이것이 우리 인생의 단면을 보여 준다고 생각합니다. 한 치 앞도 내다보지 못하면서, 지금 당장의 상황에 일희일비하는 모습으로 말이죠. 결과적으로 B 중학교에 배정받은 것은 그렇게 실망할 일이 아니었습니다. 오히려 기뻐할 일이었던 것이죠.

어떤 것을 부여받아도, 또 어떤 것을 선택해도 그 나름의 가치가 있고 좋은 점이 있습니다. 지금까지 살아오며 이런저런 것을 경험해 보니 삶의 많은 부분이 그런 것 같습니다. 그것이 세상 이치인 것 같습니다.

옳고 그름에 관한 생각이 분명한 사람일수록 화를 잘 냅니다. 분별심이 강할수록 성질이 많이 올라오지요. 이래도 좋고 저래도 좋은 사람은 상대적으로 화가 적은 편이에요. 주관적인 잣대를 내려놓으면 내가 옳다고 고집할 근거도 없고 네가 그르다고 비난할 이유도 없지요.

법륜스님이 『법륜스님의 행복』이라는 책에서 한 말입니다.

이래도 좋고 저래도 좋은 사람이 되면 화를 잘 내지 않는 평온한 마음을 가질 수 있다고 강조한 것입니다. 어떤 상황에서도 장점을 찾을 수 있는 열린 마음이 있다면 모두 좋을 수 있다는 뜻이기도 하죠.

저는 우리가 해 나가는 투자도 그래야 한다고 생각합니다. 우리의 투자도 이래도 좋고 저래도 좋아야 합니다. 반드시 이래야만 되고 저래서는 절대 안 되는 상태를 만들면 안 됩니다. '무조건'을 고정 값으로 둬선 안 됩니다. 왜냐하면 투자는 절대로 내 뜻대로만 되지 않기 때문입니다.

투자가 내 뜻대로 되지 않더라도, 언제나 나는 행복할 수 있어야 하기 때문입니다.

얼마 전 제주에 보유하고 있던 물건 하나의 임대차 계약이 있었습니다. 애초에 매도와 전세를 동시에 내놓고 진행했는데, 요즘 시장 분위기 탓에 원하는 가격에 매도되지 않고 전세가 먼저 맞춰진 것입니다. 저는 이 물건을 내놓으면서 매도가 되어도 좋고 매도가 안 되어 전세를 놔도 좋다고 생각했습니다. 매도가 되면 수익을 실현해서 다른 곳으로 갈아탈 수 있어서 좋고, 전세를 놓더라도 전세금을 기존보다 증액하여 투자금을 회수할 수 있으니 뭐든 좋았던 것이죠.

만약 이 제주 물건이 어느 특정 시점까지 반드시 매도해야 하는, 다른 선택지가 없는 상태였다면 저는 매수자가 나타날지 모르는 불확실한 상황에 놓였을 겁니다. 상황에 대한 통제권은 하나도 없이 그저 물건을 사줄 매수자만 오매불망 기다렸을 것입니다. 그러니 마음이 편했을 리 없습니다. 저는 늘 이래도 좋고 저래도 좋은, 마음 편한 투자를 원합니다. **이래도 좋고 저래도 좋은 투자를 한다는 것은, 투자 과정의 주도권을 내가 쥔다는 의미입니다.** 매도든 전세든 다 좋은 것입니다.

'이래도 좋고 저래도 좋다'라고 하니 저를 주관 없는 사람으로 생각할 수도 있겠습니다. 짬뽕이면 짬뽕, 짜장면이면 짜장면 중에 하나를 분명하게 고르는 사람이 되어야 한다면서요. 하지만 저는 짬뽕도 좋고 짜장면도 좋습니다. 반드시 짬뽕을 꼭 먹어야 하는, 짬뽕을 먹지 않으면 절대 안 되는, 그런 사람이 아니기 때문입니다. 짬뽕은 짬뽕대로, 짜장면은 짜장면대로 무엇을 먹어도 만족하며 맛있게 먹을 수 있습니다.

임장을 가면 여러 물건 중 내 맘에 쏙 드는 물건이 보일 때가 있습니다. 그 물건을 놓치면 다시는 그런 물건을 못 만날 것 같고, 나중에 정말 후회할 것 같은 생각이 드는 물건입니다. 솔직히 가끔은 마음이 급해질 때도 있습니다. 하지만 제가 지금까지 투자해 오며 느낀 점은 꼭 그 물건만이 정답은 아니라는 것이었습니다. 그때는 가장 좋은 물건처럼 보였는데, 시간이 조금 지나니 더 좋은 물건이 나타나기도 하고 매수할 때는 보이지 않던 단점도 보이더라는 것이죠. 그래서 지금은 인연이 닿으면 어차피 내 물건이 될 것이고 인연이 닿지 않으면 어차피 내 물건이 되지 않을 것이라는 생각으로, 담담하게 매수에 임합니다. 인연이 닿아 내 물건이 되면 좋고 아쉽게 스쳐 지나가도 그러려니 합니다. 인연이 아니었다고 생각합니다.

요즘 부동산 시장 분위기가 좋지 않다 보니 아마 이런 생각을 하는 분들이 분명 있을 겁니다. '2021년 여름, 그때 말이야. 거기 그 물건 놓쳐서 잠도 안 오고 분하고 화도 났었는데, 요즘 부동산 시장 하락으로 그때 내가 사려던 가격보다 더 내려간 가격의 물건들이 나오는 걸 보니, 그때 안 하길 얼마나 잘했는지 몰라'라고 말이죠.

이처럼 세상일은 알 수 없기 때문에 인연이 아닌 것에 대한 집착은 불필요합니다. 그거 아니고 또 다른 것이어도 괜찮다고 쿨하게 생각해야 합니다. 해도 좋고 안 해도 그만이어야 하는 것입니다.

부동산 시장이 하락하면서 제가 보유한 물건들의 가격 또한 하락하고 있지만 저는 별로 기분이 나쁘거나 괴롭지 않습니다. 가격이 내려가면 가격이 내려가는 대로의 전략이 있기 때문입니다. 지금 보유한 것을 매도하고 더 좋은 입지의 더 좋은 물건으로 갈아타는 전략입니다.

다음 표처럼 상승장에서는 갈아타는 데 들어가는 돈이 5억 원이었다면, 하락장에서는 3억 5,000만 원이면 되기 때문입니다.

상승장		하락장(30% 하락)	
A 10억 원	B 15억 원	A 7억 원	B 10억 5,000만 원
A를 팔고 B로 갈아타는 데 들어가는 추가 투자금은 5억 원		A를 팔고 B로 갈아타는 데 들어가는 추가 투자금은 3억 5,000 만 원	

이런 생각을 하고 전략을 마련하면 하락장이라고 낙심만 할 필요가 없습니다. 더 공부하면서 시장을 자세히 관찰해야 할 때죠.

상승장이어도 좋고 하락장이어도 좋을 수 있어야 합니다. 스스로 그런 상태에 놓일 수 있도록 늘 생각하고 대비해야 합니다. 항상 기억하세요. 현명한 투자자는 늘 이래도 좋고 저래도 좋은 상황을 만들어 놓고 투자한다는 것을요.

그런 상황은 누가 대신 만들어 주는 것이 아닙니다. 스스로 만들어야 합니다. 그러려면 흥분해서 시류에 휩쓸리면 안 됩니다. 당장 뭐라도 매수하지 않으면 안 될 거 같은 생각에 매몰되어도 안 되고, 하락장에 실망해 시장을 버리듯이 떠나서도 안 됩니다. 모두 나 자신을 약자로 만드는 선택입니다. 우리는 반드시 하나를 선택하지 않으면 안 되는 상황에서 늘 벗어나 있어야 합니다. 그것이 주도권을 가진 투자자의 모습입니다.

지금 여러분은 어떤 모습인가요? 이래도 좋고 저래도 좋은, 여유 있는 투자자인가요? 아니면 반드시 하나를 선택하지 않으면 안 되는 불안한 투자자인가요?0

옥동자의
부동산 투자 공부법

부동산 투자자라면 누구나 좋은 투자처를 찾는 안목을 갖고 싶어 합니다. 저도 마찬가지입니다. 그런 안목은 대체 어떻게 만들어질까요?

결론부터 이야기하면, 공부하는 수밖에 없습니다. 부동산 투자 공부를 통해 나름의 투자 원칙과 기준을 갖게 되었을 때, 비로소 안목이 생기는 것입니다.

그럼 부동산 투자 공부는 어떻게 해야 할까요? 끝으로 제가 추천하는 부동산 투자 공부법 세 가지를 소개해 보려고 합니다.

첫 번째는 독서입니다.

독서라고 하니 옥동자만의 특별한 공부법을 기대한 분은 다소 실망할지도 모르겠습니다. 하지만 10년 넘게 투자해 오면서 저는 독서만 한 좋은 공부법을 아직 찾지 못했습니다. 그래서 저는 지금도 책을 꾸준히 읽습니다. 매년 30권 정도의 책을 읽는 것을 목표로 정하고 있습니다.

저는 처음부터 책을 읽고 기록하면서 부동산 투자를 배웠습니다. 책이 좋은 것은 비교적 값싸게 구할 수 있으면서 반복해서 읽을 수 있다는 점입니다.

고가의 부동산 투자 강의는 몇십만 원, 몇백만 원도 하는데 책은 기껏 해 봐야 한 권에 2만 원 내외입니다. 그마저도 비용이 아깝다면 도서관에서 빌려 읽을 수도 있고요.

저도 이렇게 책을 쓰고 있지만, 어떤 책이든 그 안에는 저자의 모든 것이 압축되어 있습니다. 저자는 혼신의 힘으로 자신이 가진 모든 지식과 경험을 책에 담습니다. 그것을 2만 원 내외의 돈으로 살 수 있으니, 책만큼 레버리지가 큰 것도 없습니다.

책으로 부동산 공부를 하기 위해서는 전투적으로 독서를 해야 합니다. 적당히 설렁설렁 읽어선 안 됩니다. 중·고교 시절 수험서를 대하듯 과감히 밑줄도 긋고 별표도 마구 쳐야 합니다.

책을 읽으며 그때그때 떠오르는 생각과 질문도 여백에 거침없이 기록해야 하고요. 그렇게 처음부터 끝까지 다 읽고 나면 블로그에 밑줄 친 문장을 기록해 둬야 합니다. 핵심 문장을 그대로 옮겨 적는 것입니다.

이렇게 기록해 두는 이유는 기억하기 위해서입니다. 기록해 두지 않으면 기억할 수 없습니다. 우리 두뇌는 당장 기억해야 할 더 중요한 일에 집중하기 때문에 가볍게 읽고 마는 책의 내용은 머릿속에 오래 머물지 못합니다.

블로그에 기록해 둔 핵심 문장은 수시로 꺼내 읽어야 합니다. 한번 기록해 뒀다고 끝이 아닙니다. 저는 지하철 기다리는 시간에도 읽고, 잠들기 전 침대에서도 한 번씩 쭉 읽어 봅니다. 이렇게 반복하고 또 반복해야 저자가 책에 담아 놓은 핵심을 진짜 내 것으로 만들 수 있습니다. 자꾸 되뇌고 생각해야 정말 내 것이 되는 것이죠.

두 번째는 KB부동산과 한국부동산원 데이터를 챙겨 보는 것입니다.

특히, 주간동향 자료를 빼놓지 않고 보는 것이 중요합니다.

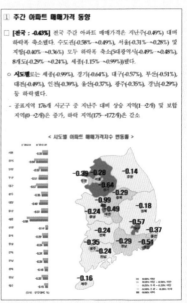

매주 데이터를 봐야 하는 이유는 시장의 작은 변화를 간파해 내기 위해서입니다. 투자의 좋은 기회는 그 작은 변화 속에 있습니다. 그것을 찾아내면 남들보다 일찍 기회를 잡을 수 있습니다.

또한, 매주 데이터를 본다는 것은 부동산 공부에 루틴을 만들어 둔다는 의미이기도 합니다. 시장에 대한 공부, 흐름에 대한 공부, 지역에 대한 공부가 이 데이터들이 제공되는 주기에 맞춰 이뤄지는 것입니다.

독서가 이론 공부라면, 매주 데이터를 보는 것은 실습 공부입니다. 이렇게 이론과 실습을 병행하는 공부를 꾸준히 하다 보면 자연스레 관심 지역이 생기게 됩니다. 보통은 어떤 변화 움직임이 보이는 지역일 때가 많습니다. 그런 지역 하나 정도를 특정해 좀 더 깊이 파고드는 것입니다. 이를 위해 저는 네이버부동산, 호갱노노, 아실, 부동산지인 등의 어플리케이션을 활용하거나 현지의 부동산 소장님과 소통합니다. 이미 해당 지역으로 임장을 다녀온 사람들의 임장기도 적극 활용하고, 필요하면 저도 임장을 다녀옵니다.

세 번째는 실전 투자 경험을 쌓는 것입니다.

독서와 데이터 공부를 통해 배운 지식으로 직접 물건을 찾고 실제 투자까지 해 보는 단계입니다. 경험만큼 큰 공부는 없습니다. 직접 경험해 보는 것이 10권의 책을 읽는 것보다 더 많은 것을 배울 수 있습니다.

실제로 투자해 보지 않으면 독서와 데이터 공부의 의미는 퇴색합니다. 공부 차원에서 책을 읽고 데이터를 볼 수도 있지만, 문제는 지속성입니다. 과연 투자하지 않고 독서와 데이터 공부만 지속할 수 있느냐 하면, 저는 어렵다고 생각합니다. 왜냐하면 재미가 없기 때문이죠. 공부하고 생각한 것을 실제 투자에 접목해서 수익을 낼 수 있어야 독서와 데이터 공부를 지속할 수 있습니다. 성과가 최고의 동기부여 방법입니다.

그래서 반드시 실전 투자를 경험해 봐야 합니다. 그렇다고 처음부터 투자금이 많이 들어가는 큰 투자에 나서서는 안 됩니다. 작은 투자, 소액 투자가 먼저입니다. 독서와 데이터 공부를 통해 준비한 나름의 부동산 투자 기준과 원칙이 충분히 검증될 때까지 작은 투자를 많이 해 봐야 합니다. 충분한 실전 경험을 통해 우수한 수익으로 검증된 투자 기준과 원칙은 계속 견지해 나가고, 반대로 기대한 만큼의 성과가 나오지 않는 덜 우수한 투자 기준과 원칙은 문제점을 찾고 보완해 나가야 합니다.

투자 환경은 늘 변하기 때문에 하나의 투자 기준과 원칙이 언제까지나 영원히 성공적으로 적용될 수는 없습니다. 큰 줄기는 유지해야겠지만 미세한 조정은 늘 필요합니다. 부동산 투자 공부는 평생을 두고 하는 것입니다. 평생 공부해야 한다고 하니 엄두가 안 난다고 생각할지 모르겠지만, 그건 너무 걱정하지 않아도 됩니다. 처음에 기본기를 잘 닦아 두고, 책과 데이터를 늘 챙겨 보는 습관과 루틴을 만들면 큰 노력 없이도 부동산 투자 공부를 꾸준히 해 나갈 수 있습니다.

평생을 두고 해야 할 투자인데 할 때마다 흔들리는 불안한 투자, 할 때마다 다른 누군가에게 의지해야 하는 투자는 지속될 수 없습니다. 오롯이 혼자 자신 있게 투자해 나갈 수 있어야 합니다. 그러기 위해서는 반드시 공부해야 합니다. 공부를 벗 삼아야 합니다.

옥동자의 부동산 투자 공부법

① 책 읽기(1년에 30권) → 블로그에 기록 → 기록된 문장 반복해서 읽기

② KB부동산과 한국부동산원 데이터 매주 챙겨 보기

③ 소액 투자 경험을 충분히 쌓으면서 스스로 설정한 부동산 투자의 기준과
   원칙을 검증하기

이렇게 3년만 공부해 보기 바랍니다. 긴 인생에서 3년은 아무것도 아닙니다.
3년만 제대로 공부해 두면 분명 지금보다 더 발전된 모습으로 성장한 투자자
로 거듭날 것입니다.

옥동자의 좋은 책 고르는 법

좋은 책 고르는 노하우를 알려 달라는 질문을 자주 받습니다. 그런데 좋은 책은 지극히 주관적인 기준입니다. 저에게는 좋을 수 있지만, 다른 누군가에겐 별다른 감흥이 없을 수 있습니다. 따라서 다른 사람이 추천하는 책에 의지하기보다는 나에게 맞는 책을 스스로 찾을 수 있어야 합니다.

제가 좋은 책을 고르는 과정은 모두 5단계입니다.

1단계는 맘에 드는 제목의 책을 일단 장바구니에 담아 두는 것입니다. 관심 있는 키워드를 넣고 검색되는 책 중에 제목이 맘에 드는, 흥미를 끄는 책이 그 대상입니다.

2단계는 장바구니에 담아 둔 리스트를 출력해서 도서관으로 가는 것입니다. 장바구니에 담아 둔 도서 중 대출할 수 있는 책을 모두 빌립니다. 보통 한번에 10권 정도를 빌립니다. 대출 가능 범위를 꽉 채워서 빌리는 것입니다. 서점으로 가지 않고 도서관으로 가는 이유는 구매는 가장 마지막 단계에서 이뤄지기 때문입니다. 이미 책장은 책들로 꽉 차 있어서 더 이상 새로운 책을 수용할 여력이 되지 않습니다. 새로운 책을 구매하려면 기존의 책을 누군가에게 주거나 버려야 하는 상황입니다.

3단계는 분류입니다. 분류한다는 것은 제대로 읽을 책과 고스란히 도서관에 다시 반납할 책을 나누는 작업입니다. 목차, 서문, 문체, 디자인, 구성 등이 일차적인 기준입니다. 그 밖에 저는 글자의 크기와 줄 간격이 적당하고 바삭한 포테이토칩 같은 느낌의 종이 질감도 중요시합니다. 내용이 압도적으로 좋아서 책에 완전히 빠져드는 것이 아니라면 기본적으로 책장이 잘 넘어가는 그런 책이어야 한번 읽어 볼까 하는 마음이 들기 때문입니다.

10권을 들고 오면 절반 정도는 저의 기준에 부합하지 않습니다. 그러다가 정말 좋은 책을 놓치면 어떻게 하냐고 질문할 수도 있을 듯합니다. 하지만 세상에는 읽어야 할 좋은 책이 많습니다. 설사 좋을지도 모를 책을 놓친다고 해도 또 다른 좋은 책은 얼마든지 있습니다.

4단계는 걸러진 책을 본격적으로 한 권 한 권 읽기 시작하는 단계입니다. 결국 4단계쯤 와서야 책장을 펼치기 시작하는 것입니다.

보통 저자들은 책의 초반에 승부를 겁니다. 즉 독자에게 먹힐 만한 내용을 책의 초반부에 넣는다는 말이죠. 따라서 책의 초반은 대체로 순조롭게 넘어가는 편입니다. 승부는 중반부터입니다. 책이 중반을 넘어가면서부터 저자의 실력이 점차 드러납니다. 초반의 박진감 넘치던 액션 영화가 중반부터는 다큐멘터리로 바뀌는, 그런 느낌의 책이 있습니다. 내용이 식상해지거나, 중언부언 앞에서 했던 내용을 다시 반복하는 등 초반의 긴장감이 사라진 것입니다.

참신한 내용으로 끊임없이 질문을 던지며, 중·후반까지 독자의 관심을 붙잡아 두는 책은 많지 않습니다. 이 고비를 넘지 못하는 책은 탈락입니다. 4단계에서 중도 탈락하지 않고 책의 마지막까지 저를 끌고 가는 책은 빌려 온 10권의 책 중 한두 권 정도입니다.

하지만 4단계는 아직 끝이 아닙니다. 5단계로 넘어가는 마지막 관문이 남아 있습니다. '과연 블로그에 주요 문장을 요약해서 올릴 만큼 매력적인가' '책을 구매할 정도로 좋은가' '지인들에게 선물해도 좋을 만큼 도움이 되는가'라는 질문을 통과한 책만 5단계로 넘어갑니다.

5단계는 서점에서 책을 구매하고 블로그에 서평 또는 주요 문장을 요약해서 올리는 단계입니다. 10권을 빌려 오면 1권 정도, 어떨 때는 1권도 없을 때가 있지만 어쨌든 5단계에 도달하는 그 1권을 구매합니다. 그 책에서 좋았던 글귀를 블로그에 기록으로 남겨 두고, 혼자 읽기 아깝다는 생각까지 들면 추가로 구매해서

지인들에게 나눠 줍니다.

제가 1년 동안 읽는 30여 권의 책은 이런 과정을 거쳐서 블로그에 기록됩니다. 저의 인내심은 집어 든 모든 책을 끝까지 읽을 만큼 크지 않습니다. 또한 늘 시간이 부족합니다. 부족한 시간을 정말 좋은 책을 읽는 데만 사용하기 위해 부득이 이런 단계를 거쳐 책을 거르는 작업이 필요한 것입니다. 때로는 번거롭고 귀찮지만, 오히려 이것이 저의 시간을 절약해 주는 방법이며 독서의 즐거움을 느끼게 해 주는 방법입니다. 비효율적인 것처럼 보여도 효율적인 방법이죠.

이렇게 읽고 기록해 둔 책 한 권 한 권은 누가 대신 골라 준 것이 아니라, 제가 직접 만져 보고 읽어 본 다음 고른 책이라는 애정이 담겨 있어서 늘 기억에 오래 남습니다.

투자를 정말 잘하는 사람이 되고 싶다면 책을 읽어야 합니다. 기존의 나를 변화시켜야 하기 때문입니다. 물론 책을 읽기만 해서는 사람이 바뀌지 않습니다. 변화를 꿈꾸는 사람만이 책을 읽고 바뀔 수 있습니다. 간절히 변화를 바라는 사람이 책을 읽을 때 비로소 변화가 시작됩니다. 별로 간절하지 않은 사람이 취미 삼아 건성으로 책을 읽으면 순간의 즐거움을 느낄 수 있을지는 몰라도, 변화는 결코 일어나지 않습니다.

제가 투자를 시작하고 변화를 바라면서 읽은 책의 숫자는 그런 마음 없이 읽었던 책의 숫자보다 훨씬 많습니다. 지금도 저는 늘 목적 지향적으로, 또한 전투적으로 책을 읽습니다. 더 나은 삶으로 나아가고 변화하는 데 책만 한 것이 없다는 사실을 너무나 잘 알기 때문입니다.

　좋은 책을 한 권 한 권 기록하는 것은 좋은 물건을 포트폴리오에 하나하나 넣는 것과 마찬가지입니다. 제 블로그에 기록된 책의 수가 300권에서 500권, 500권에서 또 1,000권이 되면 저의 삶은 더 많이 달라져 있을 것입니다. 좋은 책을 많이 읽기 바랍니다. 10년 뒤에는 꼭 여러분만의 온라인 도서관을 만들기 바랍니다.

'옥동자 추천 투자 필독서 10선' 바로가기

부동산 투자의 좋은 점

저에게 부동산 투자는 일상이고 삶입니다. 그래서 앞으로도 투자를 중단할 계획은 절대 없습니다. 그것은 투자의 목적이 꼭 돈에 있기 때문은 아닙니다. 투자는 돈과 무관하지 않지만, 그렇다고 돈만을 좇는 투자를 할 생각은 없습니다. 저에게 투자가 주는 의미는 그 이상입니다.

투자를 단순히 돈벌이로만 치부해 버리기엔 투자가 가진 장점이 너무나 많습니다. 그래서 시간이 가면 갈수록 투자는 선택이 아니라 필수라는 생각을 하게 되는 것 같습니다. 저는 특히 부동산 투자하면서 이런 점이 좋았습니다.

첫 번째는, 회사생활에서 자신감이 생기더란 것입니다. 투자를 통해 경제적 여유가 생길수록 회사 업무가 잘 풀리는 느낌을 받습니다. 왜 그럴까 곰곰이 생각해 봤습니다. 월급이 전부일 때는 매달릴 곳이 회사뿐이라 상사의 지적이나 평가 등이 모두 스트레스였지만, 투자로 안정적인 자산을 구축하니 원하면 언제든 그만둘 수 있다는 생각에 오히려 업무 스트레스가 줄어든 탓이라는 결론을 내릴 수 있었습니다.

투자 성과가 나타나면서부터 회사 일에 보다 적극적으로 임하는 저를 발견했습니다. 맡은 일 외의 추가적인 프로젝트가 추진되면 주저 없이 참여합니다. 회사의 발전을 위해 이 한 몸 던지겠다는 생각이 아니라, 무엇인가를 새로운 일에 기여하는 보람을 느낄 수 있기 때문입니다. 물론 하다 보면 잘 안될 때도 있을 수 있습니다. 하지만 괜찮다고 생각합니다. 최선을 다했기 때문입니다. 오히려 잘될 때가 대부분이었습니다. 덕분에 회사에서도 일 잘한다고 인정받고 승진도 했습니다. 저는 이 모든 게 부동산 투자 때문이라고 생각합니다.

두 번째는, 생활에 여유가 생기더란 것입니다. 제가 생각하는 생활의 여유는 거창하고 대단하지 않습니다. 그저 가족들과 함께 맛있는 음식 언제든 사 먹을 수 있고, 부모님 용돈 가끔 드릴 수 있으며, 1년에 30박 여행을 다닐 수 있는 것입니다. 투자를 하기 전, 근로소득이 전부일 때만 해도 저는 이 세 가지를 충분히 하지 못했습니다. 월급만으로는 마음 가는 대로 먹고 쓰고 노는 것이 늘 부담이었습니다. 부모님 형편이 좀 어려워도 내 살림이 넉넉지 못하다 보니 용돈 한번 제대로 드리기가 어려웠습니다.

투자를 통해 약간의 여유가 생기자 삶의 질이 확 올라갔습니다. 부모님께 자식 노릇 하는 느낌도 들고, 가족들을 향해서도 어깨가 좀 펴집니다. 투자가 아니었다면 좀 어려웠을 것 같습니다. 모두 투자 덕분입니다.

세 번째는, 자존감이 높아지더란 것입니다. 투자는 늘 어려운 일입니다. 가능성의 일이기에 100% 확신하기 어려운 선택의 순간에 놓이기 일쑤입니다. 하지만 지금까지 부동산 투자를 꾸준히 해 오면서, 이제는 시장의 흐름만 잘 읽고 있으면 언제든 돈을 벌 수 있다는 자신감을 가지게 되었습니다.

나만의 기준과 원칙만 철저히 지킨다면 언제든 좋은 투자 성과를 만들어 낼 수 있다는 경험을 해 본 탓입니다. 경험을 통한 자신감은 저 자신을 꽤 괜찮은 사람으로 느껴지게 만드는 정신적 자존감으로 연결됩니다. 이제는 내가 가진 돈을 모두 기부하고 처음부터 다시 투자를 시작한다고 하더라도 부를 쌓을 수 있다는 자신감이 생겼고, 돈을 잃는 게 더 이상 불안하지 않습니다.

네 번째는, 좋은 습관을 갖게 되더란 것입니다. 부동산 투자를 하면서 저에게 생긴 좋은 습관 세 가지는 독서와 글쓰기, 그리고 걷기입니다.

원래 저는 책을 그렇게 좋아하는 사람이 아니었습니다. 읽어도 소설

책 정도였죠. 하지만 부동산 투자를 하게 되면서 목적 지향적인 독서를 하게 되었습니다. 관심 분야의 책을 몰아서 집중적으로 읽는 즐거움을 알게 되었고, 출퇴근 시간을 가치 있게 활용하고 있다는 자기 만족감도 책을 통해 느낄 수 있었습니다.

블로그 글쓰기도 투자를 해 나가면서 시작된 습관입니다. 그 덕분에 이렇게 책을 집필할 수 있게 되었습니다. 몇 년 전에는 감히 상상할 수 없는 일이었죠. 글을 통해 스스로 성장하고 있음을 느끼게 된 순간부터 글쓰기 없는 삶은 상상할 수 없게 되었습니다.

걷는 시간만큼 머릿속 생각을 정리하고 새로운 생각을 떠올리기 좋은 시간은 없는 것 같습니다. 걷기가 단순한 운동이 아닌 이유는 바로 이 때문입니다. 투자 과정에서 머릿속이 복잡하고 뭔가 해결이 안 된 상태의 찜찜함이 오래가면 저는 습관적으로 걷습니다. 저에게 걷기는 막힌 것을 풀어 주는 처방 약 같은 것입니다. 덕분에 건강까지 챙길 수 있는, 일거양득의 습관입니다.

다섯 번째는, 더 밝은 미래를 꿈꿀 수 있게 되었다는 것입니다. 아내가 건강이 좋지 않아 갑자기 회사를 퇴사했던 적이 있었습니다. 그로 인해 경제적으로 어렵기도 했지만, 무엇보다 아내가 어떻게 되는 것은 아닌지 하는 걱정이 가장 컸습니다. 아내 건강에 대한 걱정은 지금도 여전합니다. 그때의 일을 계기로 늘 경제적으로 여유가 생기면 아내가 편히 쉴 수 있도록, 돈 때문에 다니기 싫은 회사를 억지로 다니지 않아도 되도록 만들어 주고 싶다는 목표가 생겼습니다. 그리고 그 목표가 투자의 동기가 되어 주었습니다.

다행히 지금 저희 부부는 파이어족까지는 아니더라도 조금 이른 퇴직을 꿈꾸고 있고, 은퇴 이후 삶에 대한 여러 계획을 생각하고 있습니다. 완벽한 경제적 자유까지는 아니더라도 경제적 여유 수준에서, 더 이상 시간에 쫓기지 않는 시간 부자의 삶을 계획하고 있습니다. 긴 여행을 떠나고, 여행 속에서 낯선 문화를 체험하고, 읽고 싶은 책을 읽고, 쓰고 싶은 글을 쓰며, 함께 산책하고 운동하고 이야기를 나누는 소소한 일상의 행복을 누리는 삶을 꿈꾸고 있는 것이죠.

미래는 온전히 나만을 위한, 우리 가족만을 위한 시간과 경험으로 채우고 싶습니다. 부동산 투자가 아니었다면 이런 미래를 꿈꿀 수 있었을까요? 이제는 미래가 두렵다기보다 기대됩니다. 더 행복할 것 같고 더 재밌는 일이 펼쳐질 것 같습니다. 이 모든 꿈의 시작은 투자였습니다.

가끔 '왜 투자를 하고 있지? 무엇 때문에?' '이렇게 힘든 투자를 계속할 필요가 있을까?' '나는 왜 사서 고생을 하는 것인가?'라는 생각이 불현듯 머릿속을 스칠 때, 저는 부동산 투자가 주는 좋은 점을 다시 한번 상기합니다.

여러분도 부동산 투자가 주는 좋은 점을 꼭 생각해 봤으면 합니다. 부동산 투자의 좋은 점을 생각해 봐야 하는 이유는, 그것이 부동산 투자를 계속하게 만드는 원동력이 되기 때문입니다. 투자를 해 나가는 과정에서 겪는 어려움을 극복하게 만드는 힘 또한 부동산 투자에 대한 열정과 투자 과정에서 느낀 행복의 경험입니다.

옥동자의 청개구리 투자법

혼투족을 위한 남다른 부동산 투자

초판 1쇄 인쇄 2023년 9월 6일
초판 1쇄 발행 2023년 9월 12일

지은이 옥동자(강대성)

펴낸이 김연홍
펴낸곳 아라크네

출판등록 1999년 10월 12일 제2-2945호
주소 서울시 마포구 성미산로 187 아라크네빌딩 5층(연남동)
전화 02-334-3887   팩스 02-334-2068

ISBN 979-11-5774-746-7 03320